LE MOIS DE MARIE ENFANT

VÉRITABLE PORTRAIT
DE LA STATUE MIRACULEUSE DE LA SANTISSIMA BAMBINA MARIA
vénérée à Milan

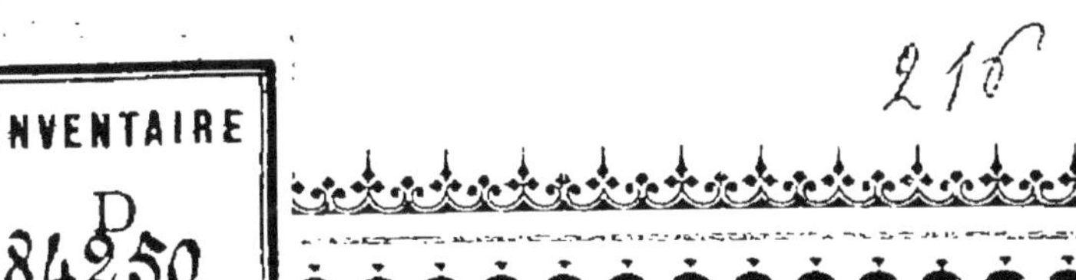

LE

MOIS DE MARIE ENFANT

OU LE

Mois de Septembre

CONSACRÉ A MARIE ENFANT

dite *Maria Santissima Bambina*

par le P. Ange BRAZZOLI
de la Compagnie de Jésus

Traduit de l'italien sur la seconde édition de 1891

LAVAL
AUGUSTE GOUPIL, IMPRIMEUR-LIBRAIRE
1895

On trouve tous les imprimés
relatifs au culte de la Très Sainte Vierge Marie Enfant :

Pour l'Italie, à Milan, chez les Sœurs de la Charité ;

Et pour la France, à Laval, chez les Carmélites-Déchaussées.

LE

MOIS DE MARIE ENFANT

OU LE

Mois de Septembre

CONSACRÉ A MARIE ENFANT

dite *Maria Santissima Bambina*

par le P. Ange BRAZZOLI

de la Compagnie de Jésus

Traduit de l'italien sur la seconde édition de 1891

LAVAL

AUGUSTE GOUPIL, IMPRIMEUR-LIBRAIRE

1895

PERMIS D'IMPRIMER

Laval, le 8 décembre 1894

† JULES, Év. de Laval.

On lit en tête de l'édition italienne de 1891 :

Mediolani die 26 Octobris 1891
Admittitur
P. Joseph Pozzi, Censor Ecclesiasticus
Pro Excmo et Revmo D. D. Archiepiscopo

PROTESTATION DE L'AUTEUR

Fils très obéissant de la sainte Église catholique romaine, dans laquelle il veut vivre et mourir, et au jugement de laquelle il se soumet en tout et pour tout, l'Auteur déclare et proteste, conformément aux décrets d'Urbain VIII et de la sainte Inquisition romaine, que tous les faits cités par lui dans cet ouvrage n'ont qu'une autorité et n'exigent qu'une créance purement humaines, sauf ceux sur lesquels le Saint-Siège Apostolique a déjà porté son jugement.

Avant-Propos

DE L'ÉDITION ITALIENNE DE 1891

AU LECTEUR

Pieux lecteur, un bouquet de fleurs cueillies dans le jardin de la Madone vous est ici présenté sous forme d'opuscule. Pénétré d'une tendre dévotion envers Marie Enfant, l'humble auteur n'a pu se refuser au désir de quelques personnes de piété qui, animées d'un ardent amour pour la Vierge au berceau, et voyant déjà épuisée la première édition du MOIS *composé en son honneur, l'ont engagé à en publier une seconde, afin de satisfaire aux demandes qu'on en fait incessamment.*

Si vous connaissez ce petit livre tel qu'il a paru la première fois, ne laissez pas pour cela, aimable lecteur, de vous procurer aussi cette nouvelle édition ; vous y trouverez des changements notables, qui, nous l'espérons, en auront accru l'utilité et l'intérêt. Ainsi, à chacune des considérations offertes à la piété dans l'édition précédente, ont été jointes dans celle-ci des réflexions pratiques pouvant fournir une matière suffisante pour une bonne méditation.

Cette seconde édition présente encore un autre avantage : outre la correction des quelques errata *qui se trouvaient dans la première, les exemples précédemment cités se sont enrichis d'une trentaine d'autres tout récents. Ce perfectionnement ne peut qu'être agréable aux dévots de Marie, dont la pieuse avidité cherche surtout à connaître combien la Sainte Enfant est empressée et libérale à répondre par des grâces nouvelles à la confiance que lui témoignent ses fidèles serviteurs.*

Une dernière observation, c'est que le MOIS DE MARIE ENFANT, *sous la forme qu'il reçoit dans cette seconde édition, peut facilement servir pour le mois de mai, et c'est précisément dans ce but qu'aux trente considérations données pour le mois de septembre, il en a été ajouté une trente et unième.*

Nous vous recommandons tout particulièrement, pieux lecteur, de vous procurer aussi la NEUVAINE *de la Sainte Enfant, publiée par le même auteur ; elle est, en effet, comme le complément du présent* MOIS, *et vous pourrez vous en servir dans le cours de l'année.*

Que la Très Sainte Vierge Marie Enfant bénisse ce petit travail, et ainsi sera satisfait l'unique désir dont l'auteur était animé en se mettant à l'œuvre : celui de voir ces humbles pages répandues autant qu'il sera possible, et lues avec piété, pour la plus grande gloire de la Santissima Bambina *et le plus grand bien spirituel de ses serviteurs.*

COURTE NOTICE

sur l'origine et les progrès

de la

DÉVOTION A LA VIERGE ENFANT

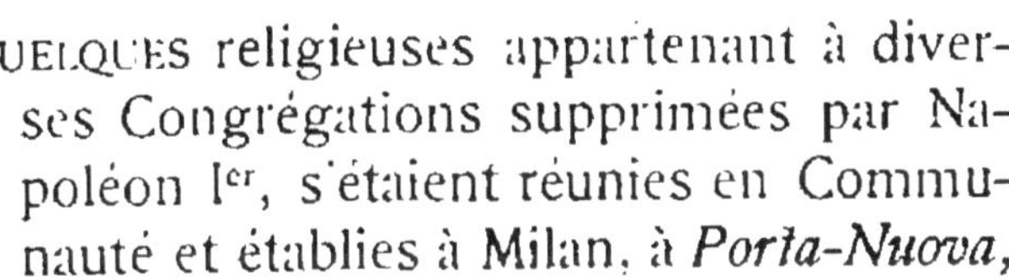

QUELQUES religieuses appartenant à diverses Congrégations supprimées par Napoléon Ier, s'étaient réunies en Communauté et établies à Milan, à *Porta-Nuova, via dell'Annunciata,* dans le monastère du même nom, sur l'emplacement duquel s'élève aujourd'hui le palais d'Adda.

Ces religieuses possédaient une statue en cire de la Très Sainte Vierge Enfant. Mais comment était-elle venue en leur possession ? C'est ce qu'il n'a pas été possible d'éclaircir parfaitement, quelques recherches qu'on ait faites jusqu'ici à cet égard. On sait seulement par tradition qu'une de ces religieuses, personne de grande vertu, et malade depuis longtemps, la trouva un jour sur son lit, sans pouvoir se rendre compte, ni alors, ni depuis, par quelle pieuse main elle y avait été déposée : l'opinion commune est que la gracieuse statue est venue du ciel.

Ce qu'il y a de certain, c'est que les religieuses de l'*Annunciata* avaient cette sainte image de la Vierge Enfant en très grande vénération, comme l'ont attesté depuis plusieurs personnes dignes de foi, qui se rappelaient parfaitement l'avoir visitée elles-mêmes dans la petite chapelle du couvent, où on la conservait avec un soin et un respect tout particuliers ; elles ont affirmé également avoir souvent entendu de la bouche des religieuses le récit de grâces et de prodiges attribués à Marie Enfant.

Plus tard, la Communauté de *Porta-Nuova* étant sur le point de se dissoudre, faute de sujets, la précieuse image fut confiée à la garde du curé de Saint-Marc, D. Louis Bosisio, à condition toutefois de la remettre à quelque monastère de religieuses, chez lesquelles le dépôt sacré pût être, comme autrefois, l'objet du culte dont il était digne.

Mais le respectable ecclésiastique attachait trop de prix à la ravissante Madone pour s'en dessaisir de son vivant. Lorsqu'il se sentit proche de sa fin, il constitua héritières de son trésor les Sœurs de la Charité, fondées à Lovere par la vénérable Barthélemy Capitanio, et chargées à Milan, depuis quelques années, du soin des malades dans le nouvel hôpital Ciceri.

Impossible de décrire la reconnaissance et la joie des bonnes Sœurs en recevant ce saint dépôt. et le zèle dont elles furent dès lors animées pour l'entourer de pieux hommages. Elles le placèrent dans leur chapelle intérieure, et là, chaque année. au commencement de la neuvaine faite en l'honneur de la Nativité de la Très Sainte Vierge, la chère statue était exposée avec plus de solennité et vénérée d'une manière particulière par la Communauté.

On raconte qu'une nuit, des malfaiteurs s'introduisirent, on ne sait comment, dans cette chapelle. pour faire main basse sur ce qu'ils rencontreraient. Attirés peut-être par l'éclat de certaines parures que portait la sainte Enfant, ils la dépouillèrent des langes brodés d'or et de quelques autres objets de prix dont elle était ornée. Ce qui parut prodigieux, c'est que, malgré le manque absolu de respect et de précaution avec lequel ces malheureux la traitèrent, malgré l'empressement qu'ils durent mettre à perpétrer leur sacrilège larcin, la sainte image, quoique d'une matière si fragile, ne fut nullement endommagée.

Au mois d'avril 1876, ayant fondé à Milan un nouvel établissement érigé comme Maison-Mère de leur Institut, les Sœurs de la Charité y transportèrent la Vierge Enfant, qui, jusqu'à la fin de l'année 1878. continua à être exposée tous les ans dans leur église. à l'occasion du 8 septembre.

Mais vers ce temps-là, on ne sait comment ni pour quelle cause, le culte rendu à la sainte image étant devenu moins fervent, Marie Enfant voulut, par un signe extérieur, en manifester sa peine. Son visage, auparavant si beau, devint peu à peu tout décoloré et prit une teinte jaunâtre ; dès lors, ayant perdu toute sa grâce, la chère statue ne fut plus exposée dans l'église pour la fête de la Nativité, mais simplement sur l'autel du Noviciat. Le reste de l'année, on la laissait enfermée dans sa petite caisse, où elle demeurait dans un complet oubli, Dieu le permettant ainsi pour lui faire rendre dans la suite un honneur plus éclatant.

Arriva enfin le mois de septembre de l'année 1884, époque mémorable où commença l'histoire des merveilles et des gloires de la Vierge Enfant. Ce fut, en effet, le 9 de ce mois, qu'eut lieu la guérison miraculeuse d'une Novice du Couvent des Sœurs de la Charité. On trouvera le récit de cette guérison parmi les *Exemples* réunis dans l'Appendice Ier de ce volume (10e exemple).

Depuis lors, le culte de la Sainte Vierge Enfant s'accrut et prit des proportions extraordinaires dans l'intérieur de la Maison-Mère ; mais cette dévotion, pour ainsi dire privée et locale, était destinée à devenir bientôt publique et populaire. Deux guérisons miraculeuses qui arrivèrent au commencement de l'année suivante, 1885, contribuèrent principalement à sa manifestation. Ces faits étant venus à la connaissance des fidèles, excitèrent parmi eux un renouvellement de ferveur et propagèrent rapidement la dévotion à Marie Enfant. La Vierge, de son côté, répondit et continue à répondre à leur confiance par une profusion de grâces, qui cause une admiration universelle. Nous en citerons un certain nombre, à titre d'exemples, dans les exercices qui suivent. On en trouvera une trentaine d'autres dans l'Appendice Ier.

A peine le culte de la Très Sainte Vierge Marie Enfant eut-il été remis en vigueur, que le visage de la précieuse statue recouvra, sans aucun secours humain, sa première beauté, et cette beauté toute céleste semble s'accroître chaque jour aux yeux de ceux qui la contemplent pieusement.

En 1890, la *Santissima Bambina* voulut se faire connaître et aimer en France, afin d'y déverser les trésors de sa tendre bonté. Ce fut le monastère des Carmélites-Déchaussées de Laval qu'il plut à Marie de choisir pour répandre une si consolante dévotion, et la faire rayonner sur tous les points du royaume qui lui est consacré.

Aujourd'hui, le culte de la Vierge au berceau a pénétré en Angleterre, en Palestine, dans des pays plus lointains encore, et même en Chine.

La dévotion à Marie Enfant ne semble-t-elle pas toute providentielle à notre époque, où les ennemis de l'Église s'en prennent à l'enfance, et veulent à tout prix ravir à Dieu l'âme si candide de l'enfant? Puisse cette salutaire dévotion porter en tous lieux les grâces les plus abondantes!

LE MOIS DE MARIE ENFANT

Premier Jour

MARIE PROMISE PAR DIEU

Ipsa conteret caput tuum.
Elle t'écrasera la tête (Gen. III, 15).

1. **La promesse.** — A l'instigation du démon, lui apparaissant sous la forme du serpent, Eve séduite mangea du fruit auquel Dieu avait défendu à nos premiers parents de toucher, et incita Adam à en manger aussi ; la désobéissance du premier homme causa sa ruine éternelle et celle de toute sa postérité. Alors Dieu dit au démon : « *Je mettrai une « inimitié entre toi et la femme, entre ta race et la sienne. « Elle t'écrasera la tête* ». Cette femme, nous n'en pouvons douter, c'est Marie.

Réflexion. — Ces paroles seront pour moi un motif puissant de pratiquer la dévotion envers Marie. En effet, si je me tiens près de Marie, si je la sers, si je l'aime, je me range par là même dans le camp opposé au démon, chef des réprouvés, et, par conséquent, tant que je serai fidèle à honorer Marie et à la prier, j'aurai l'assurance de ne point succomber dans les assauts, même les plus terribles, que me livreront les puissances infernales.

2. **Gloire qui résulte pour Marie d'une telle promesse.** — Marie ne devait donc exister que pour être la Mère du Sauveur, la Corédemptrice du genre humain, la dominatrice des puissances de l'enfer, et le refuge des pécheurs : ces prérogatives la placent bien au-dessus de toutes les créatures.

Réflexion. — Pour moi, si je veux avoir part à cette gloire suréminente de Marie, je dois m'accoutumer à recourir promptement à elle, afin de résister aux tentations. Il semble, en effet, absolument impossible que la Très Sainte Vierge refuse son assistance à celui qui l'invoque ; or, l'assistance de Marie, c'est la victoire assurée.

3. **Avantages que cette promesse nous a procurés à nous-mêmes.** — En promettant Marie, Dieu promettait l'exaltation suprême de notre nature ; il nous donnait l'assurance de notre réhabilitation au titre d'enfants de Dieu ; il nous rendait l'espérance certaine de notre salut éternel.

Réflexion. — Dieu promettait l'exaltation de l'homme en promettant Marie, précisément alors que l'homme, devenu pécheur, s'en montrait le plus indigne. Quand donc j'aurai eu le malheur de tomber dans quelque faute, je m'humilierai, mais, en même temps, je conserverai la confiance que Dieu, qui exalte les humbles, me retirera de l'état du péché et me donnera sa grâce.

COLLOQUE

O ravissante petite Marie, je me complais dans cette gloire ineffable dont Dieu lui-même a voulu vous entourer tant de siècles avant votre apparition sur la terre, en vous promettant au genre humain comme la femme bénie qui devait enfanter le Sauveur. Dès ce moment, vous avez commencé à combattre l'ennemi infernal ; dès ce moment aussi vous avez commencé à le vaincre. Oui, dès ces temps si reculés, vous avez été la consolation des malheureux et l'espérance des pauvres pécheurs. Vous avez été, pendant de longs siècles, l'attente des nations, l'objet des soupirs des patriarches et de la pensée des prophètes. Oh ! soyez bénie, et que toutes les générations s'unissent ensemble pour vous louer et vous célébrer à l'envi.

Soyez pour moi, je vous en prie, ce que Dieu nous a promis en vous. Soyez mon espérance et ma consolation dans le temps, pour être ensuite ma joie et mon bonheur durant toute l'éternité. Ainsi soit-il.

PRATIQUE

Faire souvent des actes de confiance en la protection de Marie.

ASPIRATION

Refugium peccatorum, ora pro nobis.

O Marie, refuge des pécheurs, rendez-moi digne de vos faveurs.

1er Exemple

Guérison d'une jeune religieuse, obtenue par la dévotion à Marie Enfant.

La jeune comtesse M. G. M., du couvent des Ursulines de Parme, raconte ainsi comment elle fut guérie d'un mal étrange :

« Dans le courant du mois d'avril 1886, je commençai à ressentir des douleurs par tout le corps. Cet état dura jusqu'au mois de juillet, époque où survinrent de fréquentes crises très violentes. Par ordre du médecin, on me transporta à la campagne, dans l'espoir que le grand air, plus frais et plus pur, me ferait du bien. Mais ce fut tout le contraire; les crises devinrent plus fortes et plus rapprochées. Alors on me ramena en ville, où je me trouvai un peu mieux. Seulement, bientôt après, aux crises vint se joindre un autre mal : je perdis presque complètement l'usage des jambes, et, par suite de l'ennui qui me gagnait de temps en temps, j'en vins même à perdre la parole. Dieu le permettant ainsi, ni les soins charitables et assidus de mes excellentes Sœurs, ni les remèdes de toutes sortes qu'on me donnait pour améliorer ma situation, ne purent m'apporter le moindre soulagement. Plusieurs neuvaines, des triduums et d'autres prières que mes bonnes Supérieures faisaient faire à mon intention, n'eurent aucun résultat ; on comprit depuis pour quel motif, quand on toucha pour ainsi dire du doigt l'intervention de Marie Enfant dans ma guérison.

« Voici le fait : Une année s'était écoulée dans les souffrances dont je viens de parler, lorsque je fus conduite à Milan pour y visiter l'image miraculeuse de Marie Enfant, vénérée dès longtemps avec une dévotion extraordinaire dans la chapelle de la Maison-Mère des Sœurs de la Charité. A mon arrivée à Milan, on me demanda si je voulais qu'on recourût à la *Santissima Bambina*, ou si je préférais qu'on fît pour moi quelque autre dévotion. Comme je ne pouvais m'exprimer de vive voix, je priai par signes de me donner une image de Marie Enfant ; la vue de cette image me remplit de consolation.

« C'était le dernier jour de juillet. On me conduisit à la sainte Chapelle, et, chose vraiment merveilleuse, entrer dans le sanctuaire et éprouver un mieux sensible, ce fut tout un. La Sainte Enfant me sembla sourire à la ferme confiance qui m'avait amenée à ses pieds ; je sentis la douce force de ce sourire, et je me tins pour assurée d'obtenir la grâce de la guérison. Je l'obtins en effet, car, depuis ce moment, le mieux s'accentua chaque jour davantage, si bien qu'au bout de peu de temps je me trouvai complètement guérie. Depuis cinq ans déjà, je continue à en rendre grâces à ma très aimable bienfaitrice (août 1891) ».

Deuxième Jour

MARIE PRÉDITE PAR LES PROPHÈTES

Ecce Virgo concipiet et pariet.
Voici qu'une Vierge concevra et enfantera (Is. VII, 14).

1. **Prophétie d'Isaïe, citée par saint Matthieu** (I, 23). — *C'est pourquoi* (ô maison de David) *le Seigneur vous donnera lui-même un signe. Voici qu'une Vierge concevra et enfantera un Fils, qui sera appelé Emmanuel* (Dieu avec nous).

Réflexion. — Le Fils de Dieu aime si passionnément la chasteté virginale que, voyant par sa prescience infinie avec quelle perfection Marie la posséderait, il fut ravi de ses charmes ; aussi, comme gage de sa venue en ce monde, voulut-il montrer d'avance cette céleste vertu admirablement unie à la maternité dans celle dont il devait naître. — Celui qui gardera la chasteté dans l'état conjugal, aura la bénédiction de Dieu ; celui qui la gardera dans l'état de la virginité, jouira d'une maternité spirituelle, à cause du grand bien qu'il pourra ainsi faire aux âmes.

2. **Cette prophétie est honorable pour Marie.** — L'Esprit-Saint, contemplant dans le lointain des âges son épouse future en la personne de Marie, en parle aux hommes avec complaisance. Marie est prédite conjointement avec son Fils, dont la grandeur se reflète sur elle. Marie est annoncée comme Vierge et Mère tout ensemble, c'est-à-dire comme possédant et la plus ravissante beauté (celle de la virginité) et la plus sublime dignité (celle de la maternité divine).

Réflexion. — Toute vraie grandeur, tout bien véritable découlent pour nous de notre participation à la sainteté de Dieu, et cette participation se fait au moyen de la grâce, qui produit en nous et avec nous les actes de vertu ; en un mot, Jésus est la Vigne qui nous communique, à nous qui sommes les branches, la sève mystique de la bonne volonté. Quelle ne doit donc pas être notre vigilance pour ne jamais nous laisser séparer de Jésus par le péché !

3. **Cette prophétie est consolante pour nous.** — Com-

bien il est consolant, en effet, de savoir qu'une enfant de notre race déchue, que notre sœur, que Marie a toujours été l'objet de l'amour de Dieu, qu'elle a été prédestinée à lui être unie de parenté au premier degré, et à le faire devenir lui-même membre de notre famille !

Réflexion. — De quel amour ne devrions-nous pas être animés pour Marie, Marie choisie avant tous les siècles, prédite dans le temps, et enfin réellement établie comme le lien de notre union avec Dieu ! Non, jamais nous ne pourrons trop faire pour graver en nous le souvenir de la Très Sainte Vierge, pour l'honorer, la bénir et nous la rendre favorable. Tous les hommages imaginés par la piété des serviteurs de Marie sont autant de précieux moyens pour nous attacher indissolublement à la Mère du Sauveur.

COLLOQUE

Je me prosterne en esprit devant vous, ô Marie Enfant, éblouissante de beauté ; je me réjouis et vous félicite de l'incomparable prérogative dont le Seigneur Dieu vous a favorisée, en vous révélant à ses prophètes comme la femme merveilleuse et admirable destinée à servir de trait d'union entre Dieu et l'homme, et à réunir en elle seule toutes les grandeurs départies entre les autres pures créatures. Aussi je reconnais toute la vérité de cette parole sublime tombée de vos lèvres : « *Fecit mihi magna* « *qui potens est.* Le Tout-Puissant a fait en moi de « grandes choses ». Pour moi, ô Marie, tout ce que je puis dire, c'est que, si l'on avait dû faire quelque prédiction à mon sujet, on n'aurait pu prédire qu'imperfections et misères.

Aidez-moi donc, je vous en conjure, non pas à mériter les louanges et les éloges des hommes, mais à ne pas rester du moins aussi indigne de vos regards très purs. Ainsi soit-il.

PRATIQUE

Réciter le chapelet avec une grande dévotion.

ASPIRATION

Regina Prophetarum, ora pro nobis.

O douce Reine des Prophètes, tournez vers moi vos regards, ayez pitié de moi.

2e Exemple

Grâce spirituelle obtenue par Marie Enfant à une femme de mauvaise vie.

Une pauvre femme s'était mariée, il y avait vingt-sept ans, avec un athée de profession, qui avait posé comme condition à leur union l'abstension complète de tout acte religieux. Depuis son mariage, la malheureuse femme ne mettait donc plus le pied à l'église, ne priait plus, en un mot vivait à l'égal de son mari, comme si elle n'eût pas même été baptisée. Or, elle avait un fils qui, par un effet de son bon naturel et grâce aux soins d'une personne zélée, se gardait de suivre les mauvais exemples de ses parents, et faisait espérer qu'il marcherait par une voie bien différente de la leur. Devenue veuve, sa mère continua à le scandaliser par son irréligion et le dérèglement de sa conduite. Mais plus tard, étant tombée malade, elle fut visitée par la divine miséricorde, en considération peut-être de son excellent fils. Sous l'étreinte du mal, elle se sentit pressée de se mettre en règle avec Dieu et, cédant aux exhortations d'une personne de piété, elle fit une neuvaine à Marie Enfant. A la fin de cette neuvaine, elle demanda un confesseur. Celui-ci l'aida avec beaucoup de charité, et fit en même temps prier tout particulièrement pour elle à l'Exercice du Mois de Marie; on était au 7 mai. Après l'avoir ainsi disposée, il lui fit faire une bonne confession de tous les désordres de sa vie. Enfin, le jour du Patronage de saint Joseph, qui, cette année-là (1885), tombait le 26 mai (1), elle reçut la sainte Communion, et, résolue de réparer les scandales qu'elle avait donnés à son fils, elle renonça entièrement à ses liaisons criminelles pour embrasser une vie de pénitence et de piété. On ne saurait dire jusqu'à quel point une conversion aussi extraordinaire excita la confiance en la protection de Marie Enfant parmi ceux qui en furent témoins.

Troisième Jour

MARIE FIGURÉE PAR LE PARADIS TERRESTRE

Plantaverat autem Dominus Deus paradisum voluptatis a principio, in quo posuit hominem quem formaverat.

Le Seigneur Dieu avait planté dès le commencement un jardin délicieux, dans lequel il mit l'homme qu'il avait formé (Gen. II, 8).

1. Le Paradis terrestre, figure de Marie. — « *Mariam*

(1) Le Patronage de saint Joseph, fixé au IIIe dimanche après Pâques, ne peut jamais tomber le 26 mai. En 1885, en particulier, cette fête était le 26 avril. Comme, par ailleurs, le fait eut lieu en mai, il en résulte une obscurité qui ne peut s'expliquer que par une translation de la fête.

« *Deus tanquam mundum specialissimum sibi condidit :* « Dieu, dit saint Bernard, forma Marie comme un « monde tout spécialement réservé pour lui ». Et saint Grégoire de Néocésarée : « *Maria paradisus* « *Dei :* Marie est le paradis de Dieu ».

RÉFLEXION. — Le paradis de Dieu, c'est Dieu lui-même ; mais comme, par sa grâce, il demeure dans ses créatures raisonnables, il trouve en elles ses délices, tant qu'elles vivent en grâce avec lui. Marie était donc tout particulièrement destinée à devenir le paradis terrestre de Dieu, car, seule entre les pures créatures humaines, elle devait être, dès le premier instant de sa conception, ornée de la grâce sanctifiante, seule elle devait demeurer exempte de tout péché. Hélas ! qui saurait dire combien de fois, au contraire, moi, à cause de mes péchés, j'ai pu être assimilé à une forêt inculte et sauvage ?

2. **Ressemblance entre le Paradis terrestre et Marie.** — Suivant l'abbé Rupert, Dieu, jardinier du premier paradis terrestre, le fut aussi du second tout céleste, qui est Marie. Dans le paradis terrestre, il plaça l'homme qu'il avait créé : dans le sein de Marie, il forma l'humanité de son Fils unique. Dans le premier jardin, il y avait toute sorte de fruits et l'arbre de vie : dans le sein de Marie sont les fruits de toutes les plus belles vertus, et le fruit de vie, qui est Jésus.

RÉFLEXION. — Pour pouvoir être, moi aussi, comme un paradis pour mon Dieu, je dois cultiver en moi les vertus qui rendent l'âme agréable à ses yeux et chère à son cœur ; et ainsi, loin de me contenter de voir seulement en moi les fleurs des bons désirs, il me faut travailler à enraciner dans mon âme les habitudes des vertus, et à leur faire produire en abondance les fruits des bonnes œuvres.

3. **Application morale.** — La véritable dévotion envers Marie nous procure en cette vie des biens non moins précieux et abondants que ceux du Paradis terrestre : car, protégés par Marie, nous goûterons, même dans ce lieu d'exil, la paix et la joie intérieure. Aidés par elle, nous deviendrons dignes du Paradis céleste, où Marie conduit sûrement tous ses vrais serviteurs : la dévotion à la Très Sainte Vierge n'est-elle pas, de l'aveu de tous, un signe de prédestination ?

Réflexion. — Heureuse la vie d'une âme qui sait demeurer intérieurement unie à Marie, et habiter pour ainsi dire en elle, comme dans un délicieux paradis ! L'âme qui pense à Marie peut-elle ne pas penser à Jésus ? Le cœur qui brûle incessamment d'amour pour Marie, se porte irrésistiblement aussi vers Jésus. Mais la pensée et l'amour de Jésus unis à la pensée et à l'amour de Marie sont pour l'âme une source de jouissances ineffables ; ce double objet suffit, en effet, à épuiser entièrement toute la puissance d'aimer dont le cœur de l'homme est capable.

COLLOQUE

O sainte Enfant, quel bonheur serait le mien, si mes premiers parents ne m'avaient fait perdre le beau paradis que Dieu lui-même avait préparé pour m'y faire jouir de toutes les délices ! Mais, par suite de cette première faute, me voici, au contraire, dans l'exil et dans cette vallée de larmes, et, pour comble d'infortune, je me vois dans un danger continuel de perdre encore le Paradis du ciel. Cependant, aidé et protégé par vous, ô Marie, je puis néanmoins vivre joyeux, vivre consolé, car, si je vous sers fidèlement, si je vous aime d'un amour sincère, vous-même vous me promettez le bonheur. Vous qui êtes le paradis où Dieu trouve ses délices, n'êtes-vous pas aussi la consolation des affligés et l'espérance des pauvres enfants d'Ève? Il n'est pas jusqu'aux amertumes de cette vie que vous ne sachiez, par ce fruit de suavité qui est la grâce de votre Fils, changer en douceurs et convertir en un moyen propre à me faire mériter les délices du Paradis.

En ce moment donc, ô très sainte Enfant, je vous promets d'employer toutes mes forces à vous servir avec une inviolable fidélité. Ainsi soit-il.

PRATIQUE

Avant de sortir de votre chambre ou de vous coucher, mettez-vous à genoux pour demander la bénédiction de Marie, en récitant un *Ave Maria* et en faisant le signe de la croix.

ASPIRATION

Speculum justitiæ, ora pro nobis.

O miroir de justice, faites-moi, je vous en conjure, pratiquer le bien véritable.

3e Exemple

Marie Enfant guérit de la goutte un de ses serviteurs.

La relation de cette guérison a été écrite par le prêtre lui-même, N. N..., de Parme, qui en a été l'objet :

« Le 29 mars 1889, dit-il, je fus pris d'une violente attaque de goutte, qui, augmentant de jour en jour, avait envahi toutes les parties de mon corps, de telle sorte que je me trouvais dans l'impuissance de faire le moindre mouvement, de remuer même le doigt. Je me remis entre les mains d'un médecin en qui se réunissaient la science et l'expérience : mais ni les soins assidus qu'il me donna, ni tous les remèdes qu'il employa ne me procurèrent aucun soulagement. Après quinze jours et plus de douleurs aiguës, quelques personnes de piété me conseillèrent de recourir aux moyens surnaturels. En conséquence, on me donna un peu de coton bénit ayant touché à la *Santissima Bambina* vénérée à Milan dans la Maison-Mère des Sœurs de la Charité, et quelques gouttes d'huile d'une des lampes qui brûlent devant la gracieuse et miraculeuse image. C'est de ce coton et de cette huile que se composa le médicament auquel la confiance en Marie Enfant allait donner, pour ma guérison, une efficacité qui tient du prodige. En effet, une onction fut faite sur ma main droite, qui n'avait plus de mouvement, et le coton fut posé dessus et assujetti au moyen d'une bande ; à ce moment les assistants, pleins de confiance, récitaient à genoux trois fois l'*Ave Maria*. Je sentis alors la vie circuler pour ainsi dire dans ma main, et un instant après je pus faire le signe de la croix librement et sans douleur. De la main, me semblait-il, la vie se communiquait ensuite doucement à tous les autres membres, et ainsi, au bout de fort peu de temps, je me trouvai parfaitement guéri. Je rends à Marie Enfant les plus affectueuses actions de grâces pour un tel bienfait ».

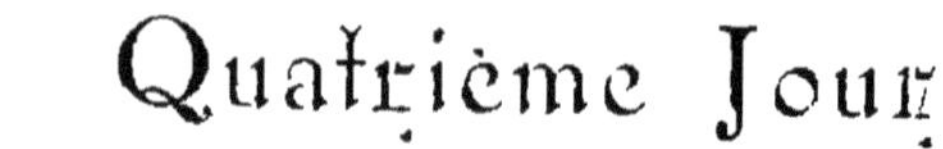

Quatrième Jour

MARIE FIGURÉE PAR L'ARCHE DE NOÉ

Fide Noe aptavit arcam in salutem domus suæ.

C'est par la foi que Noé construisit l'arche pour sauver sa famille (Heb. XI, 7).

1. **L'arche de Noé, figure de Marie.** — L'arche qui sauva du déluge Noé et sa famille, est la figure de Marie, qui, par Jésus-Christ, a sauvé et sauve encore le genre humain de la damnation éternelle. Aussi saint Bernard l'appelle-t-il « l'arche dans laquelle nous échappons au naufrage : *arca in qua naufragium evadimus* ».

RÉFLEXION. — Il est indubitable qu'une des causes principales de la perte de tant d'âmes, est celle-là même qui attira autrefois le déluge sur la terre, à savoir la vie sensuelle et corrompue d'une grande partie de la société. Un déluge de péchés et de scandales submerge continuellement dans les flots du vice et entraîne dans l'abîme de la perdition des multitudes de malheureux. Ceux qui professent la vraie dévotion envers Marie, Vierge des vierges, Mère très pure, Mère très chaste, Mère sans tache, ont l'heureuse fortune d'échapper au naufrage et de parvenir à la terre des vivants.

2. **Raisons de cette ressemblance.** — Marie, choisie par le Fils de Dieu pour être sa Mère par l'opération

du Saint-Esprit, fut par lui rendue digne, et pour l'âme et pour le corps, d'être en effet la véritable Mère du Sauveur, et par là même la Corédemptrice du monde, en un mot l'arche du salut.

RÉFLEXION. — Il ne doit pas me suffire d'avoir mis mon salut éternel en sécurité en m'abritant sous le manteau de Marie, par une tendre dévotion envers elle : il faut, de plus, que je m'applique à l'imiter, et que, par mes prières, mes exemples, et tous les moyens qui sont en mon pouvoir, je cherche à gagner les autres, spécialement les membres de ma famille, au service de cette aimable Mère, et à leur faire embrasser cette sainte dévotion, afin de leur procurer par là le bonheur du ciel. Qu'ai-je fait jusqu'ici ? Que veux-je faire à l'avenir ?

3. **Conséquence pratique.** — Marie, en devenant la Mère du Rédempteur, est donc devenue pour nous l'arche du salut, et elle continue envers nous par son intercession ce bienfaisant ministère, puisque, comme l'affirme saint Bernard, toutes les grâces que nous recevons de Jésus, passent, pour ainsi dire, par les mains de Marie. C'est pourquoi la dévotion à la Très Sainte Vierge, qui est le lien par lequel nous lui sommes unis, doit être considérée comme nécessaire dans l'ordre du salut.

RÉFLEXION. — Marie sera véritablement pour nous une arche de salut si, indépendamment des pratiques de piété dont nous lui offrirons le tribut avec assiduité et ferveur, nous tâchons de vivre tout près d'elle, en nous éloignant le plus que nous le pourrons du monde, où tout est naufrage pour la vertu.

Renfermés dans cette arche sainte, sachons aussi supporter avec patience et douceur la société de ceux mêmes qui nous sont à charge, tout comme, dans l'arche de Noé, les animaux purs vivaient avec les animaux impurs. Marie aime tant les pécheurs! et moi qui le suis, et jusqu'à quel point hélas! je ne saurais pas conserver la paix avec des personnes qui auraient quelque défaut! Ce ne serait pas là le moyen de mériter la protection de Marie.

COLLOQUE

Ce Dieu de bonté qui, au moyen de l'arche de Noé, préserva le genre humain d'une destruction universelle, est ce même Dieu qui, par votre médiation, ô sainte Enfant, le préserve encore aujourd'hui de l'éternelle damnation. Si donc c'est de vous, ô Marie, vraie Mère de Jésus, que j'ai reçu celui qui seul pouvait me sauver, et me sauvera en effet, j'en ai la confiance, en vous aussi je dois mettre tout mon espoir pour obtenir la grâce de Jésus. Mais comment craindrais-je un refus? Vos mains enfantines, bien-aimée Petite, pourraient-elles ne pas s'ouvrir en ma faveur, pour peu que je leur fasse violence par mes supplications? Oui, j'en ai l'assurance, vous m'accorderez tout ce que je vous demanderai. Telle est ma ferme espérance, et jamais celui qui a espéré en vous n'a été confondu. Ainsi soit-il.

PRATIQUE

Baiser souvent et avec dévotion l'image de Marie Enfant.

ASPIRATION

Mater divinæ gratiæ, ora pro nobis.
Mère de la grâce, Mère si bonne, priez Jésus pour mon âme.

4e Exemple

Grâce en faveur du catholicisme, obtenue par l'intercession de Marie Enfant.

Voici comment une Sœur de la Charité, revenue du diocèse de Kishnagur, dans le Bengale central (Indes anglaises), raconte le fait, dont elle fut témoin oculaire :

« En 1886, un mouvement extraordinaire vers la religion catholique se manifesta parmi la population indigène, et un millier environ de ces Bengalis accoururent vers les missionnaires pour être instruits de nos mystères et recevoir le baptême. Survint alors un accident de nature à arrêter ce mouvement salutaire au moment de son plus bel élan. Par suite de pluies torrentielles, le Gange avait franchi ses rives et menaçait d'inonder les villages habités par les catéchumènes de la mission. C'eût été la ruine du bien commencé : en effet, dans ces grands débordements, le fleuve portant partout la dévastation et causant des désastres incalculables, ces pauvres Indiens, encore si faibles dans la foi, auraient pu aisément vendre leur âme aux ministres protestants, qui ont toujours beaucoup d'or à leur disposition pour cet infâme trafic. Dans une conjoncture si critique, les Sœurs recoururent à la protection de Marie Enfant, et commencèrent avec leurs élèves une neuvaine de prières, en l'honneur de la *Santissima Bambina*, lui promettant un tableau en *ex-voto*, si elle délivrait ces infortunés de l'inondation. La confiance des suppliantes était égale à la gravité du danger. La neuvaine était à peine terminée, et déjà le tableau promis était prêt. O merveille ! les eaux dévastatrices du Gange avaient envahi les villes voisines et les terres environnantes ; mais elles reculèrent devant les villages habités par les catéchu-

menée. La Sainte Enfant avait entendu les prières ardentes et si pleines de confiance de ses pieuses servantes. Sans tarder, le cœur débordant d'enthousiasme et de reconnaissance, les indiennes catholiques se disposèrent à honorer la *Santissima Bambina* par une procession solennelle. Tenant en main des cierges allumés, elles portèrent en triomphe la statue de Marie, ornée de guirlandes et de fleurs, et, l'ayant placée dans un lieu convenable, elles lui offrirent une gerbe d'épis de riz, gracieusement entourée d'un magnifique ruban rouge, sur lequel étaient brodés avec un art merveilleux quelques mots en langue du pays pour perpétuer le souvenir de la grâce obtenue. A partir de ce moment, leur confiance en la protection de leur céleste libératrice prit encore un nouvel accroissement dans leurs cœurs.

Cinquième Jour

MARIE FIGURÉE PAR LA COLOMBE DE L'ARCHE

At illa (columba) *venit ad eum ad vesperam, portans ramum olivæ virentibus foliis in ore suo.*

La colombe revint à lui sur le soir, portant dans son bec un rameau d'olivier, dont les feuilles étaient toutes vertes (Gen. VIII, 11).

1. **La colombe de l'arche, figure de Marie.** — S. Bonaventure constate en ces termes la ressemblance entre la colombe de l'arche et Marie : « Marie, « comme une autre colombe, porte le rameau ver- « doyant d'olivier, symbole de la miséricorde. *Maria,*

« *velut altera columba, ramum olivæ, quæ est symbo-*
« *lum misericordiæ, virentibus foliis portat* ».

RÉFLEXION. — La colombe devrait être aussi le symbole de mon âme. Moi aussi, je devrais être simple : « *Soyez simples comme les colombes* (1) », a dit Notre Seigneur ; moi aussi je devrais me soulever de terre, prendre mon vol, le vol de l'esprit, pour m'occuper des méditations saintes : « *Je méditerai comme* « *la colombe* (2) ». Mais trop souvent, au contraire, mon amour-propre corrompt mes œuvres en altérant la pureté de mes intentions, et occupe mon esprit de pensées basses et terrestres. Je recourrai donc à Marie, et la prierai de me venir en aide pour me corriger.

2. **Traits de ressemblance entre la colombe et Marie.** — La colombe, revenant avec le rameau vert d'olivier, donna à Noé et à sa famille la certitude de la diminution des eaux et de la prochaine apparition de la terre, ce qui procura une grande consolation à ceux qui étaient prisonniers dans l'arche ; de même Marie, donnant Jésus au monde, a consolé tous les cœurs, en annonçant la fin du règne du péché et le retour de la justice dans la société humaine.

RÉFLEXION. — Plaise à Dieu que moi aussi, au lieu d'être une cause d'inquiétude et d'ennui pour mon prochain, je m'applique de tout mon pouvoir à pacifier et à consoler tous les cœurs ! Mais je n'y pourrai parvenir, si je ne conserve moi-même la paix dans mon propre cœur, en le tenant à l'abri de tout sentiment contraire à la charité.

(1) Matth. X. 16.
(2) Isaïe, XXXVIII, 14.

3. **Application morale.** — Marie est à toute heure la consolatrice des affligés, car elle a toujours avec elle Jésus et sa grâce ; elle les possède l'un et l'autre comme des biens lui appartenant en propre, et dont elle peut disposer en notre faveur. Celui-là donc qui se tient uni à Marie et se montre son serviteur dévoué, est assuré de jouir des plus solides consolations.

RÉFLEXION. — Pour une âme chrétienne, la vraie consolation est dans la paix de la conscience. Tant que je sentirai le remords du péché et que ma conscience me reprochera de ne pas m'être réconcilié avec mon Dieu que j'ai offensé, rien au monde ne pourra me procurer une paix solide et véritable.

COLLOQUE

O très douce Marie Enfant, plus blanche et plus pure que toutes les colombes, combien votre pureté immaculée et votre innocence vous rendent belle et aimable ! Vous êtes l'objet des complaisances de Dieu, et je tressaille de joie à la vue de cette auguste prérogative. Mais vous êtes aussi la douce messagère de toute consolation, et voilà pourquoi j'éprouve le besoin de recourir à vous, afin d'obtenir par vous de Jésus, source de toute vraie consolation, la grâce de ne jamais souiller mon âme par le péché, qui seul est la cause de toute tristesse véritable, parce que seul il peut me priver du vrai bien, c'est-à-dire de l'amitié de Dieu.

O très pure petite Enfant Marie, ô colombe du paradis, éclatante de blancheur, daignez apporter dans l'arche de mon cœur le vert rameau de la consolation véritable, et conservez-lui une fraîcheur immortelle. Ainsi soit-il.

PRATIQUE

Se préparer à faire avec toute l'intégrité possible une confession qui mette l'âme en paix.

ASPIRATION

Consolatrix afflictorum, ora pro nobis.

Marie, au milieu des épines de cette vie, ne me laissez pas sans secours.

5e Exemple

Une personne dévote à la Santissima Bambina *obtient la guérison d'un de ses enfants.*

La maladie vulgairement appelée danse *Saint-Guy* est un des effets souvent produits par la peur. C'est précisément de cette infirmité que fut affligé il y a quelques années, à la suite d'une frayeur soudaine, un enfant à peine âgé de neuf ans, nommé M. O.

Le pauvre petit faisait compassion à voir avec ses mouvements étranges et continuels, qui redoublaient chaque jour de violence et donnaient lieu de craindre quelque mal plus grave encore. Peu de temps après, en effet, il perdit complètement l'usage de la parole. Au comble de la douleur, en le voyant dans un état si lamentable, sa mère se mit à adresser des supplications ardentes à Marie Enfant. Bientôt elle se sentit inspirée d'aller visiter la *Santissima Bambina* à Milan ; une douce confiance lui disait que, par ce moyen, elle réussirait à sauver son cher enfant. Elle y alla donc. Après avoir longtemps prié dans la dévote chapelle, la pieuse femme demanda aux Sœurs du coton ayant touché à la sainte image. En outre, elle recommanda son petit malade aux prières de plusieurs personnes dévouées au culte de Marie Enfant.

De retour à sa demeure, elle trouva l'état de l'enfant plus alarmant encore. Aussitôt elle commença un triduum de prières à la *Santissima Bambina*, avec une confiance telle qu'elle se tenait déjà pour assurée d'être exaucée. De temps en temps elle prenait le coton bénit et en touchait çà et là le corps de l'enfant, regardant à chaque instant si elle n'apercevrait pas quelque signe de guérison. Que ne peut obtenir une prière à Marie, quand elle est faite avec tant de foi et de persévérance ! Le fait est qu'à la fin de ce triduum si fervent, le petit malade était déjà plein de fraîcheur et parfaitement guéri. La reconnaissance de cette bonne mère envers sa tendre bienfaitrice pour une grâce si insigne, fut égale à sa piété. Dès le lendemain, elle revint à Milan avec son fils, tout alerte et bien portant, et, prosternée devant la Vierge Enfant, elle lui rendit les plus affectueuses actions de grâces.

Sixième Jour

MARIE FIGURÉE PAR L'ARC-EN-CIEL.

Arcum meum ponam in nubibus, et erit signum fœderis inter me et inter terram.

Je mettrai mon arc dans les nuées, comme le signe de mon alliance avec la terre (Gen. IX, 13).

1. **L'arc-en-ciel, figure de Marie.** — Parmi les saints qui ont reconnu cette similitude entre l'arc-en-ciel et la Très Sainte Vierge, citons saint Bernardin de

Sienne, ce dévot serviteur de Marie : « Marie, dit-il, « est l'arc-en-ciel de l'alliance éternelle : *Ipsa est arcus* « *fœderis sempiterni.* »

Réflexion. — A l'apparition de l'arc-en-ciel, on voit cesser l'orage ; le tonnerre et la tempête s'apaisent : ainsi les troubles, les angoisses et les craintes dont le cœur est agité, se dissipent quand la pensée se tourne vers Marie et que sa douce beauté vient se refléter dans l'âme. Si je veux en faire l'heureuse expérience, je dois m'appliquer à mieux connaître chaque jour les amabilités de Marie et commencer à l'aimer sincèrement.

2. **Raisons de cette ressemblance.** — Depuis quarante siècles déjà l'humanité tout entière était plongée dans l'idolâtrie quand, par la rédemption, Dieu contracta avec l'homme une alliance nouvelle. Marie, la plus belle et la plus radieuse image de Dieu, fut le signe de cette alliance. Dieu la contempla, et, à sa vue, il sentit sa colère s'apaiser, les châtiments que le monde avait mérités furent suspendus, et les bénédictions célestes se répandirent sur nous.

Réflexion. — Le petit enfant, lorsqu'il craint qu'on ne lui fasse quelque mal ou qu'il soupçonne un danger, appelle aussitôt sa mère à son secours et va se jeter dans ses bras : ainsi, quand je serai saisi par la terreur des châtiments divins mérités par mes péchés, je me réfugierai sous la protection maternelle de Marie ; là je serai en sûreté.

3. **Conséquences pratiques.** — Marie est, non d'une manière quelconque, mais par une volonté expresse de Dieu, entièrement dévouée à nos intérêts. Dieu est

le soleil de justice, et c'est par l'entremise de Marie qu'il reflète en nous les rayons de ses grâces. Voulons-nous donc demeurer en paix avec Dieu et lui être agréables? recourons à Marie avec une confiance sans bornes. et soyons animés d'une tendre dévotion envers elle.

Réflexion. — Cette pensée si glorieuse pour Marie que c'est le Seigneur lui-même qui l'a établie l'intermédiaire et le gage assuré de sa miséricorde, doit nous rendre facile la plus entière confiance en Dieu et ouvrir notre cœur à la plus ferme espérance. En effet, quand nous disons à Dieu : « Ayez pitié de moi, » et que nous interposons entre lui et nous la médiation de Marie, c'est comme si nous lui disions : « Seigneur, accordez-moi le pardon ; je vous le « demande au nom de celle que vous avez vous-même « chargée de me l'obtenir. »

COLLOQUE

Quand je contemple l'arc-en-ciel, je pense à vous, ô très gracieuse Enfant, et comme l'arc-en-ciel, par ses riches et brillantes couleurs, récrée doucement ma vue, ainsi vous, par les dons et les grâces dont Dieu vous a comblée, vous remplissez mon cœur d'un charme tout céleste et tout sanctifiant. Oui, je sens croître en moi l'espérance la plus vive quand je pense à vous, ô Marie, parce que je sais, à n'en pas douter, que votre sainteté et votre grandeur ne vous empêchent pas d'être pleine de bienveillance pour moi ; je sais que, objet de toutes les tendresses de ce Dieu que j'ai tant offensé, et attirant sur vous son regard divin par votre innocence et votre perfection, vous me le rendez propice et favorable à moi-même ; je sais que si, au lieu de me châtier comme je le mériterais, il continue à me combler de ses bienfaits, c'est à vous que je le dois. O très aimable petite Marie, je vous en remercie de tout mon cœur. Ne cessez pas, je vous en conjure, de prier pour moi, tant que vous ne me voyez pas arrivé au port de la gloire éternelle. Ainsi soit-il.

PRATIQUE

Réciter le *Sub tuum* avec beaucoup de dévotion.

ASPIRATION

Mater Christi, ora pro nobis.
O vous qui êtes la Mère du Christ, priez le Seigneur pour moi.

6e Exemple

Grâce spirituelle obtenue par une personne dévote à Marie Enfant.

Il y a peu d'années, une pieuse jeune fille de Milan éprouvait l'efficacité de l'intercession de Marie Enfant en faveur des pauvres pécheurs. Depuis bien longtemps déjà, elle priait la *Santissima Bambina* et la faisait prier de lui accorder le retour dans la voie du bien d'une âme tendrement aimée, mais engagée depuis un grand nombre d'années dans la voie de la perdition. Marie cependant semblait ne pas se montrer favorable à ses ardentes supplications, car, plus sa prière était pressante, plus l'âme infortunée à laquelle elle s'intéressait si vivement, paraissait s'enfoncer dans le péché. Loin de se décourager pour cela, la pieuse jeune fille était fermement résolue à ne pas cesser d'invoquer Marie Enfant et à lui offrir toute sorte d'hommages, tant que la personne qu'elle lui recommandait ne serait pas revenue à Dieu. La Très Sainte Vierge daigna enfin consoler sa servante, en lui donnant l'assurance que la conversion de cette âme pécheresse lui était accordée. C'est du moins ce qu'elle crut sentir intérieurement un jour, où, les yeux fixés sur la Sainte Enfant, elle lui répétait avec larmes et gémissements : « O Marie, « donnez-moi cette âme, je la veux, je la veux. » La journée, en effet, n'était pas encore finie, que la conversion tant désirée était complète. Alors, voulant témoigner sa reconnaissance à la miséricordieuse Vierge Enfant, la dévote jeune fille eut la pensée d'entendre une messe, qu'elle ferait célébrer dans la sainte chapelle. On aurait peine à croire combien d'obstacles vinrent s'opposer à l'exécution de son pieux dessein. Mais ce cœur saintement opiniâtre ne pouvait s'avouer vaincu, ni reculer devant aucune difficulté, si insurmontable qu'elle parût. A ceux qui lui conseillaient de ne pas insister davantage et de cesser toute démarche à l'effet d'obtenir cette faveur, elle répondait joyeusement et avec une inébranlable confiance : « La grâce que j'ai reçue de Marie Enfant est « si merveilleuse, si inattendue, si complète, que rien ne me « coûterait pour obtenir le bonheur de me tenir prosternée « devant elle durant le sacrifice non sanglant de son Fils, « qui la remercierait dignement pour moi. » La pieuse jeune fille vit enfin ses désirs satisfaits.

Septième Jour

MARIE FIGURÉE PAR L'ÉCHELLE DE JACOB

Viditque Jacob, *in somnis scalam stantem super terram, et cacumen illius tangens cœlum ; angelos quoque ascendentes et descendentes per eam, et Dominus innixum scalæ.*

Alors Jacob vit en songe une échelle dont le pied reposait sur la terre tandis que son sommet touchait le ciel ; et des anges de Dieu montaient et descendaient le long de l'échelle ; il vit aussi le Seigneur appuyé sur le haut de l'échelle (Gen. XXVIII, 12, 13).

1. **L'échelle de Jacob, figure de Marie.** — « Par « Marie, dit saint Augustin, Dieu est descendu sur « la terre, et par Marie les hommes méritent de « monter au ciel : *Per ipsam* (Mariam) *Deus descendit in terram, et per ipsam homines ascendere « merentur in cœlum.* » Saint Fulgence ajoute : « Marie a été établie la fenêtre du ciel, l'échelle « céleste : *Facta est Maria cœli fenestra, facta est « scala cœlestis.* »

Réflexion. — Marie, étant véritable fille d'Adam par sa nature, est comme une échelle dont le pied repose sur la terre ; mais, par sa maternité divine, elle est comme une échelle dont le sommet touche le ciel, puisque, par cette éminente dignité, elle a atteint, ainsi que l'affirme le Docteur angélique, jusqu'aux confins de la divinité : comme si Dieu, voulant la récompenser d'avoir consenti à ce qu'il se fît chair dans son sein, lui avait conféré une dignité presque divine. O Marie, c'est à bon droit que toutes les générations vous proclameront bienheureuse !

2. **En quoi consiste la ressemblance entre l'échelle de Jacob et Marie.** — Marie, par le rôle de médiatrice qu'elle a reçu du Fils de Dieu incarné en elle, a sous ses ordres les anges, dont elle est la reine ; par leur ministère et sa très puissante intercession, comme par une voie sûre et facile, elle conduit les hommes à la conquête du ciel.

RÉFLEXION. — Si nous voulons que Marie nous serve effectivement d'échelle pour parvenir au salut éternel, faisons de toute notre vie comme une ascension continuelle de la terre au ciel. Oui, la Vierge nous est une aide pour nous sauver ; seulement, ne restons pas attachés de cœur aux biens de la terre, et soupirons sans cesse, au contraire, vers ceux du ciel. La dévotion à Marie entretiendra toujours ce désir allumé en nos âmes, et nous donnera la force de nous élever réellement et constamment vers Dieu, en augmentant à toute heure nos mérites pour le ciel.

3. **Conséquence pratique.** — Les vrais serviteurs de Marie sont assurés de leur salut éternel, et, comme l'affirme saint Jean Damascène, Marie les transporte au ciel en les faisant vivre ici-bas de la vie des anges, « *angelicæ vitæ sublimes rapiuntur in cælum.* »

RÉFLEXION. — Pour monter à l'aide d'une échelle, il faut saisir les échelons successivement avec les mains et poser en même temps les pieds sur les échelons inférieurs : ainsi, pour que Marie nous soit l'échelle qui nous aide à monter au ciel, appliquons-nous, par la pratique constante des bonnes œuvres et de la sainte humilité, à suivre son exemple : telle est, en effet, la substance de la dévotion à Marie.

COLLOQUE

Pour aller à Dieu j'ai besoin de vous, ô sainte Enfant, car c'est par vous que Dieu s'est fait homme. C'est pourquoi, m'appuyant sur votre toute puissante intercession auprès de Dieu, j'ai la ferme confiance que vous détacherez mon cœur de l'amour des biens terrestres, et que, me donnant ainsi des pensées et des désirs tout angéliques, vous m'aiderez à parvenir heureusement au ciel. Oui, vous êtes cette échelle mystique à l'aide de laquelle je pourrai avec assurance et suavité tout ensemble arriver au beau paradis. Mais souvenez-vous, ô très sainte Enfant, qu'étant si rempli de malice, j'ai encore besoin que vous veniez à mon secours même pour vous aimer et vous servir fidèlement. Tendez-moi donc une de vos blanches petites mains, je m'y attacherai fortement ; et vous, tenez-moi si étroitement enchaîné par votre amour que, si j'osais l'essayer, je ne puisse échapper à votre doux empire. De cette manière, oh ! oui, je pourrai être sans inquiétude à l'égard de mon salut éternel. Ainsi soit-il.

PRATIQUE

Faire une aumône pour l'amour de Marie Enfant.

ASPIRATION

Janua cœli, ora pro nobis.

O Porte du ciel, si vous priez pour moi, un jour je verrai Dieu face à face.

7° Exemple

Une jeune enfant guérie de l'épilepsie par Marie Enfant.

Une jeune enfant de sept ans était depuis quelques années atteinte d'épilepsie. Grande était l'affliction de sa mère, qui aimait tendrement sa petite fille, tant pour sa beauté vraiment angélique, que pour l'amabilité de son caractère, remarquable pour son âge. L'ayant fait transporter au grand hôpital de Milan, cette bonne mère se consolait dans l'espoir que des soins réguliers et assidus rendraient la santé à sa chère enfant. Mais quelques jours après, étant allée la voir, elle eut la douleur d'entendre les docteurs, d'un commun accord, la déclarer incurable. Son espérance trouva alors un meilleur appui dans les moyens que nous offre notre sainte religion. Emmenant sa petite malade, elle se rendit tout droit à la chapelle de la *Santissima Bambina* pour demander sa guérison à Marie Enfant. Là, à genoux devant la chère statue, et tenant son enfant entre ses bras, elle laissa longtemps son cœur de mère parler à Marie. La douce Madone parut avoir exaucé les ardentes prières de la pieuse suppliante, car, étant retournée chez elle, plusieurs mois s'écoulèrent sans qu'elle aperçut aucun symptôme du terrible mal. Mais la grâce sollicitée ne devait être obtenue qu'après une plus rude épreuve. En effet, au moment où la bonne mère y songeait le moins, une attaque plus violente que jamais saisit sa bien-aimée fille et la laissa dans un tel état de prostration qu'elle n'avait point encore éprouvé pareille faiblesse. La confiance de la fervente chrétienne, soutenue par l'amour maternel, l'amena de nouveau, avec son enfant, aux pieds de la *Santissima Bambina.* Ses prières à Marie, dans ce petit sanctuaire, furent encore plus prolongées et plus ardentes que la première fois. A la fin, s'étant fait donner un peu de coton bénit, elle partit, le cœur plein d'une confiance toujours grandissante. Aussitôt arrivée à sa demeure, elle attacha le coton en forme de bande tout autour du cou de la petite malade, en la recommandant à la Sainte Vierge avec une ferveur qui ne connaissait plus de bornes. Depuis lors, et il y a de cela plusieurs années, l'heureuse enfant n'a plus jamais ressenti la moindre atteinte de son mal. La reconnaissance de la mère envers Marie Enfant est aussi grande que l'a été sa consolation, car, elle en a la certitude, c'est à sa puissance et à sa bonté qu'elle doit une guérison si merveilleuse.

Huitième Jour

MARIE FIGURÉE PAR LE BUISSON ARDENT

Apparuitque ei Dominus in flamma ignis de medio rubi, et videbat quod rubus arderet et non combureretur.

Et le Seigneur apparut à Moyse dans une flamme de feu qui sortait du milieu d'un buisson, et Moyse voyait brûler le buisson sans qu'il se consumât (Exode, III, 2).

1. **Le buisson ardent, figure de Marie.** — « Dans le « buisson que Moyse vit brûler sans se consumer, « nous reconnaissons (ô Marie) votre admirable « virginité : *Rubum quem viderat Moyses incombus-« tum, conservatam agnovimus tuam laudabilem virgi-« nitatem.* » Ainsi chante l'Église au jour de la Purification de la Très Sainte Vierge.

Réflexion. — S'il est une grâce qu'on ait lieu d'espérer de l'intercession de Marie, c'est celle de garder la chasteté propre à l'état où l'on est engagé, mais surtout la chasteté virginale, car cette précieuse chasteté est comme le privilège distinctif de Marie, qui porte par excellence le nom de Vierge. Et cependant, combien ne font nul cas de ce don inestimable !

2. **Rapport entre le buisson ardent et Marie.** — Le buisson que Moyse voyait tout enveloppé de flammes, conservait néanmoins sa fraîcheur et demeurait vert et intact : de même, Marie a miraculeusement gardé sa pureté et sa virginité, tout en devenant véritablement et réellement mère.

Réflexion. — N'est-ce pas une sorte de prodige de pouvoir, avec une chair corruptible qui appesantit l'âme, vivre à la manière des anges, en tenant, par une continence parfaite, la chair soumise à l'esprit ? Ce prodige, Jésus, qui a su allier en Marie les deux prérogatives de la maternité divine et d'une virginité sans tache, est tout disposé à l'opérer en nous par sa grâce.

3. **Application pratique.** — Plus la dévotion à Marie sera grande, plus elle aura d'efficacité pour préserver l'âme, le cœur et le corps des ardeurs impures de la concupiscence. Telle a toujours été la conviction des saints et de l'Église.

Réflexion. — L'expérience a montré que si, tous les matins, on offre à la Très Sainte Vierge son esprit et son cœur pour qu'elle les garde comme son propre bien et les préserve de toute faute contre l'aimable vertu, et si, en même temps, on récite la

Salutation angélique à cette intention, la journée se passe exempte de tout désordre, encore que les tentations soient fortes et fréquentes. Quelle est l'âme qui refusera d'user d'un moyen si simple et si facile ?

COLLOQUE

Le cœur plein d'une douce joie, je loue et je remercie Dieu, ô très aimable Petite, de vous avoir réservé la prérogative si merveilleuse d'une virginité sans tache unie à la maternité. Oui, pour un tel privilège, ô Marie, vous ferez toujours l'admiration du ciel et de la terre, toutes les nations vous proclameront bienheureuse, et moi-même je ne cesserai jamais de vous exalter et de vous glorifier. Mais, en raison aussi de ce même privilège, jamais non plus je ne cesserai de vous conjurer de secourir un misérable tel que moi, exposé au milieu de tant de dangers intérieurs et extérieurs à subir les atteintes du feu impur. O sainte Enfant, si vous devez, pour me procurer cette grâce, renouveler le prodige du buisson ardent, faites-le, je vous en supplie : ce sera un des plus beaux miracles accomplis par votre amour en faveur de vos serviteurs. Ainsi soit-il.

PRATIQUE

Réciter trois *Ave Maria* à la *Santissima Bambina* pour obtenir la grâce de la pureté.

ASPIRATION

Virgo fidelis, ora pro nobis.

Vierge fidèle, obtenez-moi de Dieu la grâce de vous être toujours semblable.

8e Exemple

Marie Enfant procure un moyen d'existence à un de ses serviteurs.

Dans ces dernières années, un honnête employé put éprouver par lui-même quelle confiance on doit avoir en la Vierge Enfant, même pour le soulagement des nécessités temporelles où peut se trouver une famille, parmi tant de revers auxquels sont exposés, surtout aujourd'hui, ceux qui vivent d'un emploi.

Un caissier se vit soudainement, par suite de la chute de la maison à laquelle il était attaché, dépourvu de toute ressource pour suffire à ses besoins et à ceux de sa femme et de son enfant encore en bas âge. Eu égard à l'affluence d'employés de toutes sortes, il ne put trouver de place nulle part, même sans autre rétribution que le pain de chaque jour. Aussi avait-il déjà songé à s'expatrier, dans l'espoir de rencontrer ailleurs un moyen de gagner honnêtement sa vie. Mais la pensée de quitter sa femme, qu'il affectionnait tant, et son enfant, qu'il aimait comme la prunelle de ses yeux, lui causait une peine extrême. Longtemps il réfléchit au parti qu'il prendrait. Enfin, après en avoir délibéré avec sa vertueuse épouse, il résolut d'aller à Milan avec elle et son jeune fils, visiter Marie Enfant dans sa belle et dévote chapelle. Il avait la confiance que là il trouverait le secours désiré. Il fit donc un pèlerinage au pieux sanctuaire, où on le vit prier longtemps et avec une extraordinaire ferveur. Cependant le temps pressait, et la grâce demandée se faisait attendre. « Patience, se disait à lui-même le pauvre homme, Marie « Enfant me procurera autre part l'emploi que je ne puis « trouver ici. » Ayant fait ses préparatifs de voyage, il allait se résigner à partir pour un pays étranger, quand il reçut une lettre venant d'une personne inconnue à laquelle il ne s'était jamais recommandé. Il lut, et, ô heureuse surprise ! c'était un commerçant qui lui proposait de venir chez lui pour remplir l'emploi de caissier, en lui offrant des conditions bien supérieures à son attente. Aussitôt il fit part de la bonne nouvelle à sa femme, et, tous deux ensemble, après avoir demandé pardon à Marie Enfant de leur peu de foi, lui rendirent les plus vives actions de grâces.

Neuvième Jour

MARIE FIGURÉE PAR LA COLONNE DE NUÉE ET DE FEU DU DÉSERT

Nunquam defuit columna nubis per diem, neque columna ignis per noctem coram populo.

Jamais la colonne de nuée ne manqua de paraître devant le peuple pendant le jour, ni la colonne de feu pendant la nuit (Exod. XIII, 22).

1. **La colonne de nuée et de feu, figure de Marie.** — Saint Epiphane salue Marie en lui donnant les noms de *nuée semblable à une colonne,* et de *nuée lumineuse : « Ave, nubes columnæ similis, nubes lucida. »*

RÉFLEXION. — Celui qui, à l'exemple de Marie, vit d'une vie toute spirituelle, peut dire avec l'Apôtre écrivant aux Philippiens, qu'il vit non sur la terre, mais dans le ciel, n'étant occupé que de choses spirituelles, saintes et divines, telles que les vertus, les vérités révélées, la gloire de Dieu, la félicité céleste. Ces âmes bienheureuses peuvent être comparées aux nuages, qui, suspendus dans les régions d'en haut, sont si bienfaisants pour la terre. La prière, les bons exemples, les avertissements charitables de ces pieux serviteurs de Dieu, sont une bénédiction pour le prochain. Plaise à Dieu que je leur ressemble !

2. **Analogie entre les deux colonnes et Marie.** — Marie est pour nous une colonne de nuée, car, semblable à une nuée, elle s'interpose par sa médiation entre Dieu et nous, et tempère le feu du courroux céleste, provoqué par nos péchés ; de plus, elle se place entre nous et le démon, et, par sa puissance, émousse les traits des tentations. Elle est pour nous une colonne de feu, en nous éclairant par l'effusion des lumières et des grâces sans nombre qu'elle nous obtient de la divine miséricorde.

Réflexion. — Marie est mère de la grâce, et, dans les secours incessants que sa médiation nous procure, elle se conforme à la nature de la grâce, dont les deux effets principaux sont d'éclairer l'esprit, et de fortifier la volonté. Et, en effet, un vrai serviteur de Marie ne tombe pas dans le péché, quoi que puisse faire l'ennemi pour obscurcir son intelligence, quelque affaibli que soit son cœur par les ardeurs des passions. Je vois maintenant à qui je suis redevable de tant d'éclatantes victoires que j'ai remportées jusqu'ici. Je les dois à Marie, et ainsi c'est pour moi une obligation de lui en être éternellement reconnaissant.

3. **Pensée morale.** — Pour arriver à la terre promise du Paradis, nous devons, durant le voyage à

travers le désert de cette vie, prendre garde de tomber dans le péché et de mériter les châtiments divins. Or, pour l'un comme pour l'autre, la dévotion à Marie, protectrice et avocate des pécheurs, nous sera d'un puissant secours.

Réflexion. — Lorsque je me trouverai sous le coup des épreuves auxquelles il plaira à Dieu de me soumettre, je songerai à l'amour de mon Père céleste qui veut par là m'exciter à lui témoigner le mien, et cette pensée adoucira mes peines. Quand, au contraire, Dieu daignera inonder mon cœur de ses consolations, je n'oublierai point mon indignité et mon manque absolu de mérites, et ce souvenir me sera comme un frein pour ne point me laisser aller à la vaine gloire et perdre ainsi le fruit de ces faveurs.

COLLOQUE

Je suis, ô très sainte Enfant, un de ces voyageurs errants à travers le désert de cette vie, et je marche vers la Palestine mystique du ciel. Hélas ! je sens combien j'ai besoin d'être secouru par vous ; mais aussi quelle n'est pas la puissance de votre très douce protection ! Je vous en conjure, ô Marie, ayez pitié de moi. Eclairez mon esprit et faites-lui apercevoir tous les pièges que le démon me tend dans l'ombre. Abritez-moi sous votre manteau tutélaire, et aidez-moi à me soustraire à la rigueur des châtiments de Dieu, que mes infidélités et mes fautes n'ont que trop irrité. En un mot, faites, ô Vierge Enfant, que je puisse parvenir sain et sauf à la bienheureuse Jérusalem, où je louerai Dieu avec vous dans tous les siècles. Ainsi soit-il.

PRATIQUE

Apporter une attention particulière à ne jamais faire de mensonge d'aucune sorte.

ORAISON JACULATOIRE

Virgo potens, ora pro nobis.

O Vierge puissante, priez pour moi, et Dieu usera de clémence en ma faveur.

9e Exemple

Confiance d'un jeune homme récompensée par Marie Enfant.

Dans une grande ville de Lombardie, un homme marié était malade à l'extrémité et presque agonisant. Sa femme, excellente chrétienne, se sentait navrée de douleur à la pensée que l'âme de son mari était dans un état plus alarmant encore, et dans un danger imminent de damnation ; depuis longtemps, en effet, le malheureux avait abandonné toute pratique de notre sainte religion, dans laquelle il était né et avait été élevé. Sa femme ne savait quel moyen prendre, car les médecins lui avaient recommandé de ne pas troubler le moribond et de ne lui donner aucun sujet de contrariété, dans la crainte fondée que le moindre mouvement ou la moindre émotion ne vînt hâter sa mort.

Un bon jeune homme, dévot à Marie Enfant, apprenant la triste nouvelle, se sentit alors inspiré d'aller lui-même à la chapelle de la *Santissima Bambina* plaider la cause de cet infortuné. S'étant rendu devant la statue miraculeuse, il laissait voir, par son attitude, de quelle importance était la grâce qu'il venait solliciter, tant il paraissait absorbé dans sa prière. On l'entendait répéter sans cesse : « Ou la guérison ou la conversion ! » L'une de ces deux grâces allait, en effet, lui être accordée d'une manière vraiment étonnante. De son côté le malade, déjà aux prises avec la mort, continuait par signes et par gestes, ne le pouvant plus de parole, à témoigner qu'il était résolu à mourir comme il avait vécu. Sa femme et les autres membres de la famille en étaient dans la plus profonde désolation. Mais que se passa-t-il ? Le jeune suppliant était encore aux pieds de Marie Enfant, l'implorant pour ce pauvre pécheur, lorsqu'on vit le mourant sortir comme subitement de cet état désespéré et reprendre peu à peu ses forces : tout indiquait qu'une crise non moins heureuse qu'inattendue venait de se produire. A peu de temps de là, le malade était complètement rétabli.

Et la conversion ? Nous aimons à espérer que Marie inspirera à quelque personne dévote à sa sainte Enfance de solliciter avec non moins de confiance la guérison spirituelle de ce malheureux, et Marie, c'est certain, l'accordera avec d'autant plus de bonté qu'elle s'intéresse plus au salut de l'âme qu'à la santé du corps.

Dixième Jour

MARIE FIGURÉE PAR LA TOISON DE GÉDÉON

De nocte consurgens (Gedeon), *expresso vellere, concham rore implevit.*

Gédéon, s'étant levé de grand matin, pressa la toison et remplit une coupe de la rosée qui en sortit (Juges, VI, 38).

1. **La toison de Gédéon, figure de Marie.** — Le Psalmiste fait allusion à cette figure quand il dit : « (Le

« Verbe de Dieu) descendra comme la pluie sur la « toison : *Descendet sicut pluvia in vellus* (1). » C'est pourquoi saint Proclus affirme que Marie est la toison immaculée, tout imprégnée d'une rosée céleste : « *Ma-« ria est vellus mundissimum, cœlesti pluvia madens.* »

Réflexion. — Afin de me disposer à recevoir la rosée de la grâce divine, il faut que mon cœur soit, non pas comme une pierre dure laissant écouler l'eau sans en être imbibée et sans même en garder une seule goutte, mais comme une douce peau d'agneau, couverte de sa laine, qui reste toute pénétrée de l'eau qu'elle reçoit. Le cœur s'attendrit par l'usage des choses spirituelles ; aussi mettrai-je tous mes soins à m'y adonner.

2. **Raison de la ressemblance entre la toison de Gédéon et Marie.** — La toison de Gédéon, couverte de rosée sur la terre desséchée qui l'entoure, est la vive image de Marie, pleine de grâce ; dans le sein de Marie, en effet, les nuées célestes firent pleuvoir le Juste, qui ensuite inonda le monde entier des flots de sa grâce. Ainsi parle saint Bernard.

Réflexion. — Les faveurs du monde sont impuissantes à satisfaire le cœur de l'homme, car Dieu a fait ce cœur capable de l'aimer, lui le bien infini ; et c'est pourquoi il a dit : « *Tu aimeras le Seigneur « ton Dieu de tout ton cœur* (2). » Quand donc serai-je véritablement heureux ? quand tous les biens d'ici-bas et toutes les faveurs des hommes seront pour moi aussi viles et aussi insipides que le sable aride

(1) Ps. LXXI, 6.
(2) Deut., VI, 5.

du désert. Si, au contraire, le monde et ses biens excitent mon intérêt et commencent à me plaire, alors aussi je commencerai à sentir le désert dans mon cœur.

3. **Conséquence pratique.** — La volonté de Dieu est manifeste : pour obtenir sa grâce, nous devons recourir à Marie, en qui, comme l'enseigne le même saint Bernard, le Rédempteur a déposé le prix de notre rançon, avant de nous le communiquer.

RÉFLEXION. — Voulons-nous éprouver l'efficacité de la protection de Marie et de son intercession auprès du trône de la grâce ? prions-la incessamment de nous obtenir les vrais biens, c'est-à-dire les biens spirituels, les biens célestes, les biens de l'éternité. Quant à ceux du temps, de la terre et du corps, n'y songeons que comme à un surcroît, et seulement en tant qu'ils peuvent nous aider au bon usage des biens éternels. Les joies, les richesses et les honneurs du ciel, voilà ce que nous devons sans cesse demander à Marie, et sans aucun doute elle nous exaucera.

COLLOQUE

O très aimable petite Marie, vous voyez en moi une pauvre et très misérable créature, incapable de quoi que ce soit, sinon de pécher. Vous le savez, je ressemble à une terre brûlée par les ardeurs du soleil, où il ne peut pas même pousser un brin d'herbe. Oui, je le répète, je ne suis en votre présence qu'une terre sans eau, « *sicut terra sine*

« *aqua tibi* (1). » Vous, au contraire, dès le premier instant de votre existence, vous avez été comblée avec surabondance des dons de Dieu les plus riches et les plus précieux.

Je vous félicite du fond de mon cœur d'un tel privilège, ô Marie, mais en même temps je vous supplie de jeter sur moi un regard plein d'amour de vos ravissants petits yeux. Cela suffit à mon bonheur, car, je le sais par expérience, ô sainte Enfant, de votre aimable regard découle une source de grâces qui inonde mon âme de douceur et fait de mon cœur un paradis. Cette prière, je vous l'adresse donc avec toute la confiance que votre bonté m'inspire, et je n'attends pas moins de la tendresse de votre cœur. Ainsi soit-il.

PRATIQUE

Travailler à faire connaître le pouvoir de Marie Enfant.

ASPIRATION

Mater Salvatoris, ora pro nobis.

Vous qui êtes la mère du Sauveur, vous me sauverez, moi pauvre pécheur.

10e Exemple

Une jeune luthérienne se fait catholique au moyen de la dévotion à la Santissima Bambina.

Dans le courant du mois de mai 1891, se présentait chez une dame de Milan une jeune fille étrangère, pour la prier de

(1) Ps. CXLII, 6.

lui procurer une place dans une famille honnête. Il y avait dans sa physionomie je ne sais quoi de candide et de mélancolique à la fois, qui lui concilia tout de suite les sympathies de sa bienfaitrice. Celle-ci, la voyant émue jusqu'aux larmes : « Pourquoi pleurez-vous, mon enfant ? » lui dit-elle. Et la jeune fille de répondre : « Parce que je crains beaucoup « les dangers auxquels je vais être exposée dans le monde « actuel, loin des yeux de ma mère et au milieu des pièges « et des séductions du siècle. » La pieuse dame apprit alors qu'elle appartenait à la religion luthérienne et sentit toute la difficulté de l'entreprise dont elle allait se charger. Cependant elle ne se découragea pas : soutenue par son amour pour Marie et par la confiance qu'elle avait en sa protection, elle se mit à consoler de son mieux la pauvre affligée et lui proposa de porter à son cou une médaille de la *Santissima Bambina.* La jeune fille accepta la médaille avec de grandes marques d'affection, et, comme cette dame l'exhortait à se recommander à la Vierge Enfant, elle promit de le faire, ajoutant que, dans son jeune âge, elle avait appris l'*Ave Maria,* et qu'elle le récitait pour trouver la place qu'elle désirait. Il n'en fallut pas davantage à la pieuse dame pour avoir l'assurance que la chère petite Madone accorderait pleinement à cette jeune personne la faveur souhaitée. En effet : Marie ne s'en tint pas à lui procurer une place où elle pût gagner honnêtement sa vie ; une grâce bien autrement précieuse que reçut son heureuse protégée, ce fut de se sentir intérieurement pressée d'un désir ardent de se faire catholique, puis de trouver dans une maison religieuse des secours prompts et dévoués pour l'aider à s'instruire autant qu'il était nécessaire avant d'abjurer l'hérésie, enfin, de recevoir le baptême et de faire sa première communion avec une ferveur dont les Sœurs qui en furent témoins se sentirent extrêmement consolées et édifiées.

Rose (c'était le nom de la nouvelle baptisée), toute vêtue de blanc, et le visage rayonnant d'un air angélique, reflet de la beauté intérieure dont son âme était ornée par la grâce, s'empressa d'aller se jeter aux pieds de la Vierge Enfant et de lui témoigner sa reconnaissance pour un bienfait qu'elle considérait comme l'événement le plus heureux de sa vie. Non contente de son bonheur : « Ah ! disait-elle, si mon père et ma « mère pouvaient un jour goûter la joie que je sens aujour- « d'hui dans mon cœur ! Je ne cesserai pas désormais de prier « Marie Enfant jusqu'à ce que j'obtienne encore cette grâce « de sa bonté. »

Onzième Jour

MARIE FIGURÉE PAR L'ARCHE D'ALLIANCE

Arcam de lignis Setim compingite.
Vous ferez une arche de bois de Setim (Exode, XXV, 10).

1. **L'arche d'alliance, figure de Marie.** — Saint Jean Chrysostome appelle Marie « l'arche vivante du divin « législateur : *Dei legislatoris animata arca.* » De plus, la sainte Eglise l'invoque sous le nom d'*arche d'alliance : fœderis arca.*

RÉFLEXION. — Pour plaire à Marie, je dois, autant qu'il peut dépendre de moi, travailler à lui ressembler : je devrais donc, moi aussi, être semblable à l'arche d'alliance. Mon corps, il est vrai, tend de sa nature à la corruption, et, au lieu de m'aider à conserver intacts les trésors de l'âme, de la grâce et de la vertu, il me met, au contraire, par ses penchants dépravés, dans un continuel danger de les perdre. Mais, par la pratique de la mortification, par l'exercice persévérant de la prière et la fréquentation des Sacrements, je parviendrai à tenir ma chair soumise à l'esprit, et ainsi mon corps, conservant sa véritable noblesse, qui est la sainteté, pourra surpasser en dignité l'arche d'alliance, et être, comme il le doit, un vrai temple de l'Esprit Saint.

2. **Traits de ressemblance entre l'arche et Marie.** — L'arche était d'un bois incorruptible, et Marie a été conçue sans péché. L'arche était revêtue d'or à l'intérieur, et l'âme de Marie fut parfaitement sainte. Audessus de l'arche était le Propitiatoire, et Marie est propice et favorable à tous. Dans l'arche étaient conservées la verge d'Aaron. les tables de la loi, et une mesure de manne ; de Marie nous est venu le Pain de vie, le Verbe de Dieu, l'auteur de la loi.

Réflexion. — Mon principal soin devrait être de garder toujours dans mon cœur, comme dans une arche, l'adorable Trinité : le Père, auquel est attribuée la puissance, représentée par la verge miraculeuse ; le Fils, qui est la sagesse du Père, figurée par les tables de la loi ; le Saint-Esprit, amour du Père et du Fils, et dont la manne, qui renfermait en soi tout ce qu'il y a de délicieux, est le symbole. Oui, le règne de Dieu est au-dedans de nous. tant que nous l'aimons et que nous nous maintenons en état de grâce.

3. **Application pratique.** — Si l'arche d'alliance, simple figure de la réalité, fut pour le peuple hébreu la source de tout bien, Marie, l'arche véritable, ne sera-t-elle pas bien plus encore pour ses serviteurs une cause de bonheur et de félicité ? « Celui qui me « trouvera, trouvera la vie, et puisera le salut dans

« le Seigneur : *Qui me invenerit, inveniet vitam, et* « *hauriet salutem a Domino* (1). » Qui trouve Marie, trouve la vie éternelle.

Réflexion. — Marie, figurée par l'arche, est pour nous bien autrement digne d'amour que l'arche ne l'était pour les Hébreux ; en effet, Marie, malgré sa dignité incomparable, nous inspire cependant une souveraine confiance, car elle est notre Mère.

COLLOQUE

En vous voyant si petite, ô Marie, je ne pourrais, naturellement parlant, me faire quelque idée de vos grandeurs. Mais, éclairés par la foi, les yeux de mon âme découvrent, dans cette petitesse extérieure, un objet digne de toute admiration, la Mère future du Sauveur, la Reine du ciel et de la terre, l'arche mystique de la nouvelle alliance, en un mot tout ce qui est sorti et peut sortir de plus beau et de plus saint des mains du Dieu Créateur et sanctificateur. O très auguste Enfant, le cœur attendri, je vous vénère et vous rends très humblement mes hommages. Et parce que je sais que, quoique enfant, vous m'entendez, je vous supplie d'être aussi pour moi cette arche qui me défende contre tous mes ennemis et attire sur moi les bénédictions du ciel. Ainsi soit-il.

PRATIQUE

Faire un acte de mortification dans le boire ou le manger, pour plaire à Marie Enfant.

(1) Prov., VIII, 35.

ASPIRATION

Fœderis arca, ora pro nobis.

Arche auguste d'alliance, usez de votre puissance en ma faveur.

11e Exemple

Une jeune enfant malade guérie par la Vierge Enfant.

Au mois de juillet 1885, à Milan, une enfant de trois ans à peine, ayant échappé à la vigilance de sa mère et s'amusant près du feu, se brûla horriblement, on ne sait par quel accident. Aux cris désespérés de la pauvre petite, la mère accourt éperdue, et, voyant la gravité du mal, appelle immédiatement le médecin. Celui-ci, après avoir examiné les plaies, déclare à cette mère affligée que, la nuit suivante, sa chère enfant aurait un très violent accès de fièvre. A cette nouvelle, malgré l'heure avancée, la mère courut chez les Sœurs de la Charité pour faire bénir par la *Santissima Bambina* deux petites pièces de linge, en les faisant toucher à son berceau. Pleine de confiance en celle qui est la santé des infirmes, elle se disait intérieurement que ces linges ainsi bénits guériraient son enfant. De retour dans sa demeure, la pieuse mère fit usage sans tarder du précieux remède dont elle s'était munie, et appliqua ces linges successivement sur les membres endoloris de sa fille, en répétant de temps en temps ces paroles : « Sainte Marie Enfant, sauvez ma petite fille. » La nuit se passa sans aucun symptôme de fièvre. Seulement les brûlures restaient encore, et la pauvre enfant poussait des cris continuels que rien ne pouvait apaiser ; la pauvre mère en avait le cœur déchiré, car elle l'aimait ardemment. Quinze jours s'étaient déjà écoulés sans aucune amélioration. Dans sa douleur, la pieuse femme prend alors sa petite malade dans ses bras et va tout droit à la chapelle des Sœurs de la Charité. Là elle prie longuement, et avec une telle ferveur qu'en la voyant on eût pu assurer qu'elle serait exaucée. Sa prière terminée, elle demanda et obtint qu'on fît toucher son enfant au berceau dans lequel repose la statue miraculeuse. A ce contact, la petite donna aussitôt des signes d'un mieux sensible, et, quand elle fixa son regard sur la gracieuse Madone, on vit un doux sourire sur ses lèvres enfantines. La foi de la mère avait obtenu la grâce si ardemment désirée. Dès ce moment les plaies de la petite malade commencèrent à se cicatriser, et, au bout de quelques jours, elle avait entièrement recouvré la fraîcheur et la santé.

Douzième Jour

MARIE FIGURÉE PAR LA VERGE D'AARON

Moyses reversus est in Ægyptum, portans virgam Dei in manu sua.

Moyse retourna en Egypte, portant à la main la verge de Dieu (Exode, IV, 20).

1. **La verge d'Aaron, figure de Marie.** — « Vous êtes « la verge fleurie d'Aaron, » dit saint Taraise, s'adressant à Marie, « *Tu Aaronis virga florescens.* » Et saint Ambroise : « Marie est la verge dont le « Christ est la fleur : *Virga est Maria, cujus flos « Christus.* »

RÉFLEXION. — Au lieu d'être semblable à la verge puissante d'Aaron par la vertu, je ne ressemble que trop à un roseau fragile et pliant à tout vent, tant je suis faible, tant je cède facilement à toutes les tentations et suis promptement découragé par les difficultés qui se rencontrent dans la pratique de la vertu. Que cette pensée serve au moins à m'humilier : de l'humilité naît la force.

2. **Analogie entre la verge et Marie.** — Comme Aaron et Moyse, à l'aide de leur verge, délivrèrent le peuple hébreu de la tyrannie de Pharaon, et lui procurèrent tous les secours nécessaires dans sa longue marche vers la terre promise, ainsi Dieu, par l'entremise de Marie, a délivré le monde de la captivité du démon, et dispense incessamment aux élus toutes les grâces dont ils ont besoin pour arriver à la conquête du Paradis.

Réflexion. — Pauvre roseau tremblant, si je veux devenir une verge puissante, je dois à l'humble connaissance de moi-même unir une confiance en Dieu entière et sans limites. Cette confiance m'attachera à lui, me donnera l'abandon à ses volontés, et me rendra capable de résister à mes ennemis et de les vaincre.

3. **Conséquence pratique.** — « Nous sommes assu-
« rés, dit saint Bonaventure, d'arriver par la verge,
« qui est Marie, à la fleur, qui est Jésus. Voulons-
« nous donc saisir Jésus ? que notre prière incline
« Marie vers nous. Si Jésus, étant Dieu, nous paraît
« trop élevé au-dessus de nous, Marie, qui est la
« verge, est flexible à notre prière, et, s'abaissant
« vers nous, elle nous donne sa belle fleur, c'est-à-
« dire Jésus avec sa grâce. »

Réflexion. — La confiance en la médiation de Marie, mère et dispensatrice des grâces, fait toute ma force ; c'est elle qui donne à mes prières leur efficacité. Ainsi, l'âme de ma dévotion envers Marie, ce qui la vivifie, c'est assurément la ferme espérance d'être exaucé par elle. Lorsque je prierai, je demanderai donc surtout la confiance.

COLLOQUE

O sainte Marie Enfant, prosternée en esprit à vos pieds, je sens tout naturellement se placer sur mes lèvres ces belles paroles du Psalmiste : « *Virga tua et* « *baculus tuus, ipsa me consolata sunt* (1). » Oui, avec votre très dévot serviteur saint Pierre Damien, je reconnais en vous la *verge*, et dans la croix de Jésus le *bâton* dont parlait le Roi prophète, et l'une et l'autre sont pour moi la source d'une consolation ineffable. Tous les maux nous sont venus par cette première femme, Ève, qui porta la main sur l'arbre du paradis terrestre ; mais par vous, Vierge sainte, nous sont promis tous les biens, et c'est de vous, ô verge mystique, ô nouvelle Ève, et des mérites de mon Sauveur Jésus, votre Fils, que je les attends avec confiance. Soyez donc pour moi, ô Marie, cette verge miraculeuse, à l'aide de laquelle je puisse me tenir assuré de ne pas succomber dans mes luttes contre mes ennemis, et arriver sain et sauf au Paradis. Ainsi soit-il.

PRATIQUE

Entendre la sainte messe avec beaucoup de dévotion.

(1) Ps. XXII, 5.

ASPIRATION

Sancta Dei Genitrix, ora pro nobis.

Tous se tournent vers vous et vous prient, ô sainte Mère de Dieu ; et moi aussi, j'implore votre miséricorde.

12e Exemple

Marie Enfant délivre du service militaire le fils d'une pieuse femme qui l'invoque.

Le 6 juin 1888, un jeune conscrit du diocèse de Milan, bon fils d'une mère meilleure encore, devait se présenter au conseil de révision. Grande était son appréhension d'être trouvé apte au service ; mais bien autrement grande était celle de sa mère, redoutant pour son fils non pas tant les fatigues qu'impose le rude métier des armes, surtout au temps des manœuvres, que les dangers de toutes sortes auxquels se trouverait exposée l'âme de son cher enfant au milieu des occasions terribles que tant de jeunes gens rencontrent à la caserne, où ils perdent la crainte de Dieu et jusqu'au sentiment religieux. C'est pourquoi, depuis bien longtemps déjà, cette excellente mère recommandait son fils à Marie Enfant, dont elle allait quelquefois visiter la sainte image. Mais, à l'approche du jour décisif, elle persuada à son cher conscrit de lui adresser, lui aussi, des prières spéciales à cette intention, l'exhortant à mettre en elle toute sa confiance, et à espérer que la puissante médiation de la Vierge au berceau lui obtiendrait assurément d'être exempté du service. Appelé devant les docteurs qui devaient l'examiner, le jeune homme entendit l'un des deux porter un jugement de nature à déconcerter son attente. D'après ce jugement, l'unique défaut constaté en lui était sa stature légèrement au-dessous de la mesure fixée par la loi ; en conséquence, ce docteur voulait l'ajourner. L'autre, au contraire, se basant sur certaines observations techniques faites sur la constitution du jeune homme, le jugeait absolument impropre au service. Il s'ensuivit une discussion très vive entre les deux docteurs, chacun soutenant son opinion. Pendant ce temps, le cœur du pauvre jeune homme battait violemment sous l'impression de la crainte, ce qui ne contribua pas peu à faire prévaloir enfin le sentiment du médecin qui voulait l'exempter. Mais évidemment, ce qui surtout obtint cette exemption, ce furent les prières ardentes adressées en ce moment par la pieuse mère à Marie Enfant. Aussi quand son fils vint lui-même lui apprendre l'heureuse nouvelle, ne put-elle retenir ses larmes, tant était grande sa consolation. Tous deux allèrent aussitôt se prosterner aux pieds de Marie Enfant pour lui payer le tribut de leur reconnaissance.

Treizième Jour

MARIE FIGURÉE PAR LE CÈDRE DU LIBAN

Justus.... sicut cedrus Libani multiplicabitur.
Le juste se multipliera comme le cèdre du Liban (Ps. XCI, 12).

1. **Le cèdre du Liban, figure de Marie.** — La sainte Église applique elle-même à Marie, aux jours de ses fêtes, ces paroles de l'Ecclésiastique : « Je me suis « élevée comme le cèdre du Liban : *Quasi cedrus « exaltata sum in Libano* (1). »

Réflexion. — Deux sortes d'âmes peuvent être représentées par le cèdre : 1° les âmes saintes et parfaites, et, parmi elles, la Mère de Dieu, tenant le premier rang, est, pour ce motif, figurée par le

(1) Eccli., XXIV, 17.

cèdre du Liban, supérieur à tous les autres ; 2° les impies, à cause de leur orgueil ; c'est le Saint-Esprit lui-même qui établit cette ressemblance ; mais, plus ils s'élèvent et s'enorgueillissent, plus ils sont près de l'humiliation : « *J'ai vu l'impie exalté et élevé* « *comme les cèdres du Liban : j'ai passé et voilà qu'il* « *n'était plus* (1). » Malheur à moi si je suis orgueilleux ! mon humiliation sera proportionnée à mon orgueil.

2. **Traits de ressemblance entre le cèdre et Marie.** — Le cèdre du Liban est renommé pour trois qualités spéciales : son élévation, sa beauté, son incorruptibilité. De même, Marie est une créature incomparable, d'abord par l'excellence de la grâce dont elle est ornée, et de sa dignité ; puis, par sa sainteté suréminente, qui en fait la Reine de tous les saints ; enfin, par son exemption absolue de tout péché et son admirable virginité.

RÉFLEXION. — Bienheureux serai-je si, convaincu de ma misère et de ma faiblesse, je m'applique de toutes mes forces, avec l'aide de Dieu, à être fidèle à mes résolutions, et à demeurer ferme et inébranlable au milieu des tribulations qu'il plaira au Seigneur de m'envoyer, des tentations du démon, et des persécutions du monde. Je veux donc m'attacher à l'arbre de la croix, et Jésus me communiquera sa force divine.

3. **Pensée pratique.** — L'exaltation de Marie a pour fondement son humilité : « Il a regardé la bassesse

(1) Ps. XXXVI, 37, 38.

« de sa servante : *Respexit humilitatem ancillæ* « *suæ.* » Si nous voulons, nous aussi, avancer dans la perfection, qui est la véritable grandeur, enfonçons-nous toujours davantage dans la sainte humilité, et cherchons de plus en plus à nous humilier : « *Exal-* « *tavit humiles* : Il a exalté les humbles. »

Réflexion. — Pour ne pas m'égarer, je m'appliquerai à pratiquer cette humilité qui me fasse aimer sincèrement et véritablement le mépris de moi-même. Croire faire des progrès dans cette vertu si nécessaire, et en même temps céder à l'horreur naturelle que nous inspire le mépris, c'est être dans l'illusion et se tromper soi-même.

COLLOQUE

O Marie, dès le berceau, vous futes très grande aux yeux de Dieu. Vous étiez très petite de corps, mais votre âme, remplie des dons divins les plus excellents, paraissait aux regards du Très Haut comme un magnifique cèdre du Liban, qui s'élève avec majesté au-dessus des autres arbres. Dès les langes, ô Vierge Enfant, vous futes l'objet des divines complaisances, l'admiration des anges, un miracle de perfection, de beauté et d'amabilité. Combien je me réjouis, ô Marie, en pensant à cette glorieuse prérogative ! Je tressaille de joie en voyant vos grandeurs, et aussi parce que j'espère, en vous honorant et en vous aimant, obtenir, par votre entremise, que le Dieu très miséricordieux ait pitié de moi, qui suis un abîme de misère, et pouvoir, moi aussi, aidé de votre protection, avancer dans la vertu et acquérir enfin la sainteté. Ainsi soit-il.

PRATIQUE

Faire quelques actes de vraie humilité pour plaire à Marie Enfant.

ASPIRATION

Mater amabilis, ora pro nobis.

Le ciel et la terre vous admirent, ô Marie. O Mère, tous les cœurs soupirent vers vous.

13e Exemple

Double grâce obtenue par une femme dévote à Marie Enfant.

Un des désirs qu'éprouvent les mères, c'est de voir leurs petits enfants, à mesure qu'ils croissent en âge, s'affermir sur leurs jambes, de manière à se tenir tout seuls debout, et à marcher sans le secours de leur petit chariot roulant ou des lisières. Or, au mois de juin 1885, une femme milanaise se trouvait dans une profonde affliction; son enfant ne marchait pas encore, et ne pouvait pas même non seulement faire un pas, mais rester droit sur ses pieds, si peu de temps que ce fût, à moins que sa mère ou quelque autre personne ne le soutînt. L'excellente femme avait essayé sans succès tous les moyens de la nature ou de l'art. Alors, en bonne chrétienne qu'elle était, et inspirée par sa grande dévotion à Marie Enfant, elle comprit qu'elle n'avait plus qu'une chose à faire, recourir à la puissante intercession de la *Santissima Bambina*. C'est ce qu'elle fit. Etant donc allée plusieurs fois prier devant la statue miraculeuse, et ayant recommandé son cher enfant à Marie, elle sentit intérieurement la confiance que, pour fortifier les jambes inertes de l'enfant, il lui suffirait simplement d'employer un peu de coton ayant touché à la sainte image. Elle en demanda quelques flocons, et, arrivée chez elle, les présenta à baiser à l'enfant. On eût dit que le petit innocent comprenait la vertu secrète communiquée à ce coton par la Vierge Enfant, et c'était plaisir de voir avec quel contentement il baisait et baisait encore le papier qui l'enveloppait. Tout à coup, sans autre remède, se débarrassant vivement de toute entrave et s'échappant des mains de sa mère, il lui montra qu'il n'avait plus besoin ni d'elle ni de personne pour se tenir sur ses jambes et marcher seul librement. Comment peindre la joie de l'heureuse mère à la vue d'un changement si extraordinaire ! Mais là ne s'arrêtèrent pas les merveilles. Confirmée dans sa confiance en Marie Enfant, la pieuse femme cacha une image de la *Santissima Bambina* dans l'oreiller de son mari, afin que, d'homme vicieux qu'il était, la douce Madone en fît un bon chrétien. En effet, à dater du jour où sa femme avait employé ce pieux stratagème, le mari changea complètement de vie et se donna tout à Dieu.

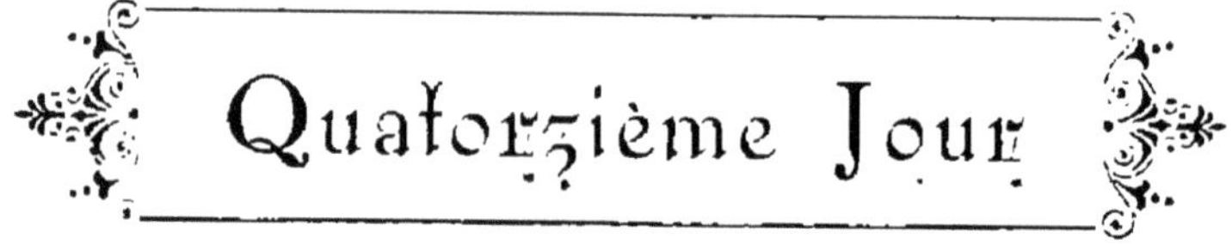

Quatorzième Jour

MARIE FIGURÉE PAR LE CYPRÈS DE SION

Quasi cypressus in altitudinem se extollans.
(Le Pontife Simon) parut comme un cyprès qui s'élève en haut (Eccli., L, 11).

1. **Le cyprès, figure de Marie.** — La sainte Église applique à Marie ce passage de l'Ecclésiastique, où, parlant de la Sagesse, il lui fait dire : « Je me suis « élevée comme le cyprès de la montagne de Sion.

« *Exaltata sum quasi cypressus in monte Sion* (1). »

RÉFLEXION. — Quand on est obligé de vivre en société et de s'employer au bien du prochain, on doit mettre tous ses soins à édifier ceux avec qui on est en rapport, par une conduite absolument irréprochable et par la profession nettement avouée des maximes du christianisme. La vie exemplaire est bien représentée par le cyprès qui monte toujours ; en effet, l'exemple fait aimer et estimer la vertu, et en rend la pratique plus facile au prochain. Ici je ferai un retour sur moi-même, et j'examinerai si jusqu'ici je me suis acquitté de ce devoir, et comment.

2. **Traits de ressemblance entre le cyprès et Marie.** — Le cyprès est un arbre de forme très élégante, toujours vert, et dont les feuilles, au dire des naturalistes, ont une propriété médicinale. De même, Marie est un prodige de beauté, elle est et a toujours été sainte, et l'Eglise l'invoque sous le nom de *Santé des infirmes*. L'abbé Rupert ajoute pieusement que, comme on emploie le bois de cyprès à faire des tables pour écrire ou pour servir les repas, et des lits pour prendre son repos, ainsi la bienheureuse Vierge nous fournit tout secours dans nos différentes nécessités ; elle nous est un livre, une nourriture et un repos : « *Liber est, refectio, et quies.* »

RÉFLEXION. — Je dois, moi aussi, dans la mesure possible, m'occuper du bien spirituel du prochain ; seulement, si je veux faire aux autres tout le bien que je dois, il faut, avant tout et par dessus tout,

(1) Eccli., XXIV, 17.

m'efforcer de devenir bon moi-même, mais de cette bonté qui consiste à pratiquer le bien véritable, le bien qui est tel aux yeux de Dieu. Combien de fois, au contraire, le bien que je fais au prochain n'est-il pas vicié par mon amour-propre !

3. **Application pratique**. — Une des marques de la dévotion à Marie est et doit être la persévérance dans son service. Les plantes qui ne demeurent pas toujours vertes, ne sont pas à leur place à côté du cyprès, symbole de Marie.

Réflexion. — De sa nature, il est vrai, la volonté de l'homme est changeante et mobile, et facilement, de bonne qu'elle était, elle devient mauvaise ; mais si l'âme tend toujours en haut comme le cyprès, si elle cherche constamment à conformer sa volonté à celle de Dieu, elle peut s'enrichir de tant de grâces qu'elle demeurera habituellement bonne et droite, et, par suite, dans une disposition permanente de produire des actes qui procurent la gloire de Dieu et le bien du prochain.

COLLOQUE

Je ne voudrais pas, ô tout aimable petite Marie, que, comparée au cyprès par le Saint Esprit, en raison de vos inestimables qualités, et digne par conséquent de figurer avec honneur parmi ceux qui cherchent à vous ressembler par l'excellence de la vertu, vous fussiez obligée, en ce qui me concerne, de faire l'effet d'un cyprès, oui sans doute, mais d'un cyprès servant à l'ornement d'un cimetière. En effet, je ne puis le dissimuler et je vous le confesse, ô Marie, je ne sais quelle est en moi la vertu qui ne soit, sinon entièrement morte, du moins flétrie et presque desséchée. Malgré cela, je prétends et je me persuade vous être tout dévoué ! Oh ! oui, céleste Petite, je reconnais mon erreur, et je recours à vous, afin que, par votre puissante intercession, vous fassiez reverdir en mon âme les vraies et solides vertus ; alors je n'aurai plus honte de paraître en votre présence, et je pourrai, sans illusion de ma part, me croire votre serviteur. Ainsi soit-il.

PRATIQUE

Examiner quelle est la pratique de piété envers Marie pour laquelle on est le moins fervent, et travailler à se réformer sur ce point.

ASPIRATION

Vas insigne devotionis, ora pro nobis.

O vase admirable d'ardente dévotion, remplissez mon esprit et enflammez mon cœur.

14e Exemple

Grâce spirituelle obtenue par une personne dévote à Marie Enfant, en faveur de ses deux fils.

Il y a quelques années, dans la ville de M..., une veuve désolée et profondément affligée, mais très dévote à Marie Enfant, expérimenta l'efficacité de sa protection en faveur des pauvres pécheurs.

Elle avait deux fils, depuis longtemps éloignés de Dieu et vivant en dehors de toute pratique religieuse ; le souvenir de l'époque où, pour la dernière fois, ils avaient accompli leur devoir pascal, s'était même entièrement effacé de son esprit. Mais, à force de prier et de supplier la Vierge Enfant, elle se sentit enfin le courage de livrer un suprême assaut au cœur de l'aîné, prenant pour cela occasion de l'approche de Pâques. « Allons, mon cher enfant, lui dit-elle, tu feras tes Pâques « cette année, n'est-ce pas? il y a si longtemps que tu ne les « fais pas. » — « Ma mère, répondit aussitôt le jeune homme, « je vous le promets, le temps prescrit pour accomplir le « devoir pascal ne passera pas cette année sans que j'y aie « satisfait. » Et il tint parole. Mais ce n'était pas tout : restait à faire la conquête du plus jeune ; celui-ci fut moins facile à gagner et résista assez longtemps. Sa mère pensa alors à se servir de l'entremise de son fils aîné, dont l'exemple et les conseils seraient, espérait-elle, les meilleurs moyens à employer, et lui communiqua son désir. Il consentit à venir en aide à sa bonne mère, puis, cherchant une occasion favorable, il finit par persuader à son jeune frère de faire, lui aussi, sa communion pascale. Certes, ce fut alors une véritable Pâque pour la dévote servante de Marie Enfant ! Qui pourrait dire avec quelle joie et quelle allégresse elle alla ensuite visiter sa céleste bienfaitrice ! Et ce ne fut point là une grâce passagère et momentanée, car le changement de vie opéré chez ses deux fils, leur persévérance et leur conduite de plus en plus chrétienne, furent pour la pieuse veuve les preuves les plus évidentes qu'ils avaient été véritablement convertis par l'intercession de *Maria Santissima Bambina*. Combien de mères pourraient espérer la même consolation, si elles savaient s'adonner à la piété, à la prière et à la dévotion envers Marie !

Quinzième Jour

MARIE FIGURÉE PAR L'OLIVIER

Erit quasi oliva gloria ejus.
(Israël) sera beau comme l'olivier (Osée, XIV, 7).

1. **L'olivier, figure de Marie.** — « Je me suis élevée « comme un bel olivier planté dans la campagne : « *Exaltata sum quasi oliva speciosa in campis* (1). » L'Eglise et les Pères, avec saint Jean Damascène, appliquent ces paroles à Marie, qu'ils appellent un olivier fécond : *oliva fructifera.*

RÉFLEXION. — L'olivier ne vient pas dans les pays froids, et ses branches flexibles ne font pas de bruit au souffle du vent. De même, si je veux ressembler à Marie, dont l'olivier est la figure, je dois me garder, autant qu'il peut dépendre de moi, de la froideur et de l'indifférence spirituelles, et m'efforcer de ne me pas laisser troubler ni émouvoir par les dires et les murmures du monde.

2. **Raisons de la ressemblance entre l'olivier et Marie.** — « De cet olivier mystique qui est Marie, dit le car« dinal Hugues, découle l'huile de la grâce, l'huile « de la sagesse, l'huile de la joie, *nascitur oleum « gratiæ, oleum sapientiæ, oleum lætitiæ.* » Saint Bonaventure dit que « Marie est pleine de l'huile « de la dévotion : *plena oleo pietatis.* » La sainte Eglise, en effet, invoque Marie sous les titres de *Mère*

(1) Eccli., XXIV, 19.

de la grâce, de *Trône de la sagesse,* de *Cause de notre joie,* et de *Vase insigne de la dévotion.*

Réflexion. — Je m'appliquerai à retracer en moi ces trois qualités de Marie, et, pour y arriver, je tâcherai, moi aussi, d'obtenir par ma prière la grâce divine à mon prochain ; je veillerai sur moi pour parler et agir toujours avec sagesse et prudence, afin de ne pas offenser Dieu et d'être utile aux autres ; et enfin je me montrerai toujours calme et joyeux dans tous les événements, acceptant tout de la main de Dieu, qui, étant la bonté même, veut qu'on le serve avec joie.

3. **Conséquence pratique.** — Pour adoucir l'amertume des tribulations et des épreuves auxquelles il plaît au Dieu tout à la fois juste et bon de nous soumettre, invoquons souvent le beau et très doux nom de Marie, dont il est dit que, semblable à l'huile, il pénètre doucement dans le cœur de celui qui le prononce : « Votre nom est une huile répandue : « *Oleum effusum nomen tuum* (1). »

Réflexion. — L'invocation du nom de Marie a une vertu secrète pour consoler. Il suffit même de penser à Celle qui, en raison de ses innombrables douleurs, mérita le nom de *Consolatrice des affligés* et de *Reine des martyrs,* pour trouver légères les peines de cette vie comparées aux souffrances endurées par elle.

COLLOQUE

Tout ce qu'on peut dire de beau, de gracieux et

(1) Cant., I, 2.

d'aimable, le Saint Esprit et ceux qui connaissent votre grandeur et votre excellence l'ont dit de vous, ô sainte Enfant. Mais, quand on vous compare à l'olivier, cet arbre calme, fécond et toujours vert dans nos campagnes, mon âme est remplie d'une bien douce consolation. Sous cet emblême, en effet, vous m'apparaissez comme une céleste bienfaitrice, disposant en ma faveur de la grâce de Dieu pour oindre mon âme, illuminer mon intelligence, et inonder mon cœur de joie. En un mot, semblable à l'olivier mystique, vous embellissez le jardin de l'Eglise, et je vous considère comme l'objet le plus digne de mon amour. Je vous promets donc, ô sainte Petite, de ne négliger aucun moyen pour conserver et accroître en moi votre amour jusqu'à mon dernier soupir, afin de pouvoir vous aimer à jamais dans le beau Paradis. Ainsi soit-il.

PRATIQUE

Invoquer souvent le très doux nom de Marie.

ASPIRATION

Auxilium Christianorum, ora pro nobis.
Secours des chrétiens, je puis tout espérer de vous.

15e Exemple

Guérison merveilleuse d'une enfant obtenue par l'intercession de la Santissima Bambina.

Il y a peu d'années, deux petites filles d'un riche négociant, habitant une des principales villes de Lombardie, furent atteintes du croup toutes les deux en même temps. L'une d'elles ne tarda pas à succomber à la violence de ce mal si funeste aux enfants ; l'autre, malgré les soins empressés des hommes de l'art les plus expérimentés, paraissait vouée comme sa petite sœur à une mort certaine. Les médecins ayant un jour déclaré qu'il ne restait plus à cette enfant que quelques heures de vie, les parents désolés ne pouvaient se résigner à ce second sacrifice, et il leur semblait impossible de survivre à la perte de ce dernier fruit de leur amour. Par bonheur, une de leurs parentes, personne de grande vertu et très dévote à la Vierge Enfant, se trouvait présente à cette scène déchirante. Elle suggéra à la pauvre mère de mettre son enfant sous la protection de la douce Madone, et en même temps elle lui donna du coton bénit par la *Santissima Bambina,* en lui conseillant de le placer sous l'oreiller de la petite malade. La mère le fit, toutefois, à dire vrai, plutôt par complaisance que par un sentiment de confiance en l'efficacité du moyen. Il lui semblait qu'il eût fallu bien autre chose qu'un peu de coton pour ressusciter une morte, selon son expression. Ainsi pensait cette mère affligée, mais elle ignorait combien grande était la foi de sa parente en la puissance de Marie Enfant. Cependant quelques instants s'étaient à peine écoulés, et la petite malade, auparavant inquiète et agitée, parut calme et s'endormit : c'était déjà d'un excellent augure. Les parents s'imaginèrent, au contraire, que ce sommeil était un assoupissement léthargique, précurseur de la mort. Pour la pieuse parente, elle continuait à prier, pleine de confiance. Au bout de trois heures, la petite fille s'éveilla, ouvrit les yeux, et, avec un sourire angélique, tournant la tête vers sa mère, qui se tenait pâle et consternée près du berceau, elle s'écria : « Maman, maman.... » La grâce obtenue devenait évidente ; tout symptôme du mal avait disparu. Aussitôt cette enfant, déjà vive et alerte, étend ses petits bras vers sa mère, qui demeurait comme frappée de stupeur, les lui passe autour du cou en la couvrant de baisers, et donne ainsi à tous les assistants la certitude de sa parfaite guérison. La nouvelle d'un fait si merveilleux se répandit avec la rapidité de l'éclair dans le voisinage et par toute la ville. Les médecins n'hésitèrent pas d'ailleurs à déclarer qu'une guérison si soudaine ne pouvait être attribuée à une cause naturelle, et toutes les personnes qui en eurent connaissance demeurèrent pénétrées de dévotion envers Marie Enfant.

Seizième Jour

MARIE FIGURÉE PAR LE PALMIER

Justus ut palma florebit.
Le juste fleurira comme le palmier (Ps. XCI, 13).

1. **Le palmier, figure de Marie.** — « J'ai étendu mes « branches comme le palmier de Cadès : *Quasi « palma exaltata sum in Cades* (1). » Le palmier, dit « Cornelius a Lapide, représente mystiquement la « bienheureuse Vierge : *Palma mystice repræsentat « beatam Virginem.* » Aussi l'Eglise fait-elle de ce symbole, comme des autres, l'application à Marie, dans le culte qu'elle lui rend.

RÉFLEXION. — Le juste est celui qui, fidèle à toutes ses obligations, s'applique à suivre en tout et toujours le bon plaisir de Dieu. On le compare pour ce motif au palmier fleuri, parce qu'il embellit son âme des fleurs de toutes les vertus, et par suite s'enrichit de magnifiques fruits de bonnes œuvres et de mérites excellents pour le paradis. A ce compte, suis-je en droit d'être appelé juste?

(1) Eccli., XXIV, 18.

Désirè-je au moins me rendre digne d'un si beau titre ?

2. **Raisons de la ressemblance entre le palmier et Marie.** — Le palmier est un très bel arbre, dont la tendance est de toujours s'élever ; il produit des dattes, espèce de fruits très doux, et ses branches sont employées comme un emblême de victoire. Ainsi en est-il de Marie. Dans l'Eglise (appelée par les saints Pères le délicieux jardin de palmiers de Jésus-Christ), elle s'élève au-dessus de tous les saints comme leur reine ; elle offre aux hommes les doux fruits de sa clémence, et leur donne la victoire sur leurs ennemis spirituels.

Réflexion. — Si je ne travaille pas à acquérir la perfection propre à mon état, au lieu d'édifier le prochain en m'élevant aux plus hauts sommets de la vertu, j'irai toujours en déclinant et en me traînant dans la fange d'imperfections de toutes sortes, et je mériterai d'être foulé aux pieds comme un vil arbrisseau et jeté au feu comme une herbe inutile.

3. **Pensée morale.** — Marie invite ses serviteurs à apprendre d'elle la sainte crainte de Dieu. « Venez, « mes enfants, écoutez-moi, je vous enseignerai la « crainte du Seigneur : *Venite, filii, audite me, timo-« rem Domini docebo vos* (1). » Profondément et fortement enracinés dans ce sol de la sainte crainte de Dieu, nous pourrons, nous aussi, semblables à des palmiers croissant et grandissant près de Marie, résister victorieusement aux tentations, et produire des fruits de sainteté.

(1) Ps. XXXIII, 11.

Réflexion. — On ne peut se passer de la sainte crainte de Dieu; si nous n'avons pas celle des parfaits, qui craignent Dieu parce qu'ils l'aiment, ayons au moins celle des imparfaits, qui le craignent parce qu'il châtie les pécheurs. Cette seconde crainte doit toujours demeurer dans notre âme, tant que nous sommes sujets au péché; elle est comme la racine de la vie du juste, qui, malgré son avancement dans la perfection, sent néanmoins de temps en temps le besoin de recourir à ce frein pour ne pas offenser Dieu.

COLLOQUE

O très aimable petite Marie, l'Esprit Saint vous compare à un beau palmier, élevé et chargé de fruits; c'est de moi au contraire qu'il parle lorsqu'il compare les pécheurs à la paille, à la balayure, aux épines et autres productions viles et infructueuses de ce genre. Et ce n'est que trop juste. Vous, par votre sublime sainteté, vous êtes digne de cet honneur; mais moi, avec toutes mes misères et les péchés sans nombre dont je me suis rendu coupable jusqu'ici, je mérite toutes les qualifications les plus humiliantes. Malgré cela, je me sens encore le courage de m'approcher de vous, de vous contempler et de vous adresser mes supplications. Et pourquoi? Ah! sainte Enfant, parce que, si vous êtes un palmier, les fruits de grâce que vous produisez si abondamment me sont réservés. Je vous en conjure donc, inclinez-vous vers moi, Palmier céleste, daignez me faire part des doux fruits de vos faveurs; alors, j'en ai la confiance, nourri de cet aliment délicieux, je deviendrai moi-même un arbre fécond en fruits dignes de la gloire éternelle. Ainsi soit-il.

PRATIQUE

Faire une pratique de piété extraordinaire pour honorer Marie Enfant.

ASPIRATION

Mater castissima, ora pro nobis.

Mère très chaste, obtenez-moi, je vous en supplie, la grâce d'être toujours maître de mes sens et de mon cœur.

16e Exemple

Marie Enfant préserve d'une mauvaise mort un malheureux égaré.

Une jeune dame, plongée dans une grande affliction, venait souvent se prosterner dans l'oratoire de Marie Enfant, la priant avec une dévotion qui indiquait une confiance sans borne en sa protection. Quel était l'objet de ses supplications? C'était la conversion d'un de ses frères, qui, depuis longtemps menait une vie indigne d'un chrétien et en était arrivé jusqu'à se moquer de la religion. Sur ces entrefaites, ce pauvre jeune homme fut atteint d'une maladie ayant tous les caractères de la phthisie; le malheureux marchait donc à grands pas vers l'éternité. Tremblant pour le sort de son frère, la pieuse dame essaya, mais en vain, de lui persuader de se préparer à la mort, si prochaine pour lui humainement parlant. Mais, chaque fois qu'elle ouvrait la bouche pour prononcer le mot de confession, il entrait en fureur et ne lui répondait que par d'horribles blasphèmes. Sa pauvre sœur en était consternée et désolée à un point qu'on ne saurait dire. Cependant la *Santissima Bambina* lui réservait la plus douce consolation. Un jour, s'approchant du malade pour lui présenter à boire, elle eut soin de mêler à l'eau un peu de coton bénit. Le malade but quelques gorgées, et au même instant survint le curé de la paroisse. La bonne dame demanda à son frère s'il voulait bien le recevoir ; celui-ci répondit que ce qu'il voulait, c'était d'être laissé tranquille. A cette annonce, le curé se retira, disant qu'en cas d'accident, aussitôt averti il serait là. Peu après, le malade demanda lui-même d'un ton très calme à sa sœur si le curé était encore dans la maison. « Et pourquoi me le « demandes-tu ? » lui dit-elle. A quoi il répondit : « Je désire « le voir..., lui parler..., me confesser. » On peut s'imaginer l'étonnement et la joie de la pieuse sœur à cette réponse inattendue ! En toute hâte elle fait appeler le curé, qui en un instant est au chevet du malade, et reconnait en lui un de ces changements opérés par la droite du Très Haut : le pauvre moribond était devenu plein de résignation, le pécheur endurci était un pénitent sincère, le contempteur obstiné des Sacrements était animé du désir de se réconcilier avec Dieu et affamé du pain des anges. L'heureux converti de Marie Enfant reçut, en effet, toutes les consolations et tous les secours de la religion, avant d'être, par la mort, séparé de sa sœur et des autres membres de sa famille fondant en larmes, larmes de douleur, parce que le défunt leur était enlevé, mais aussi larmes pleines de suavité et d'intime douceur devant une mort si belle, dans laquelle se révélait si bien la puissance de Marie Enfant auprès de Dieu, en faveur de ceux qu'on lui recommande avec une humble confiance.

Dix-septième Jour

MARIE FIGURÉE PAR LA ROSE DE JÉRICHO

Quasi rosa plantata juxta rivos aquarum fructificate.
Portez des fruits comme le rosier planté sur le bord des eaux (Eccli., XXXIX, 17).

1. **La rose, symbole de Marie.** — « Je me suis élevée « comme les plants de rosiers de Jéricho : *Exaltata « sum quasi plantatio rosæ in Jericho* (1). » La sainte Eglise invoque Marie sous le nom de *Rose mystique ;* et saint Epiphane écrit que « c'est à juste titre qu'elle « est appelée *Rose de Jéricho : adeo ut merito Rosa « Jericho appellata fuerit.* »

RÉFLEXION. — La beauté de la rose vient de la délicatesse et de la vivacité de ses couleurs, non moins que de la multitude et de la variété de ses pétales étroitement unis les uns aux autres ; elle représente la beauté d'une âme parvenue à la charité parfaite, dont toutes les autres vertus sont les filles et les servantes. Je travaillerai donc à rendre chaque jour plus éclatante en moi cette belle rose de la charité, dont l'épanouissement dans mon âme y perfectionnera en même temps les autres vertus.

2. **Ressemblance entre la rose et Marie.** — La rose, par sa beauté et l'exquise délicatesse de son parfum,

(1) Eccli., XXIV, 18.

est considérée comme la reine des fleurs. De même, Marie est appelée par les saints, spécialement par le B. Hermann, « rose d'une merveilleuse beauté, » et, par saint Jean Damascène, « rose qui, par l'odeur divine de ses vertus, embaume toutes les âmes d'un parfum céleste. »

RÉFLEXION. — C'est un fait certain : l'âme qui agit par un principe de vraie vertu, surtout de charité, procure, par le mystique parfum de son exemple, des délices ineffables à ceux qui sont témoins de sa conduite. Les moins vertueux eux-mêmes se sentent comme stimulés par les œuvres de la charité, et doucement excités par ce suave attrait à imiter ceux qui les pratiquent. Si je veux édifier mon prochain, je dois donc avant tout animer mes actes par la charité.

3. **Pensée morale.** — Il n'y a pas de vraie dévotion envers Marie si l'on ne s'exerce à imiter ses vertus. Ainsi, nous devons méditer souvent les grands exemples de Marie, afin de pouvoir être, comme elle, autant de roses mystiques, et de nous rendre, par le parfum de nos bonnes œuvres, un sujet d'édification pour ceux qui nous entourent.

RÉFLEXION. — Que devient un rosier dont les fleurs sont cueillies ou tombées ? un arbuste sans beauté, extrêmement désagréable par ses épines, qui blessent ceux qui le touchent. Or, n'étiez-vous point autrefois un rosier garni de belles fleurs, et aujourd'hui, par suite de votre négligence et de votre tiédeur, n'êtes-vous point devenu cet arbuste qui n'a plus que les épines acérées du remords ?

COLLOQUE

O belle, ô gracieuse, ô suave rose, ô Marie ! Votre pensée délecte mon cœur ; la méditation de vos vertus incomparables est pour mon âme un parfum du paradis ; l'amour que j'ai pour vous, quelque faible, quelque imparfait que soit cet amour, me fait jouir déjà par anticipation de la béatitude éternelle. De grâce, bien-aimée petite Marie, daignez me parler. Et si, parce que vous êtes encore tout enfant, vous ne voulez me faire entendre que vos vagissements, eh bien ! ils me suffisent, et c'en serait assez pour m'enivrer d'un bonheur céleste. Cependant, ô Marie, même quand vous gardez le silence, vos petits yeux, si brillants de beauté, ont encore un langage qui m'enivre d'amour : votre doux regard me répète que, comme vous, je dois être une rose, mais une rose sans les épines du péché, une rose embaumée des vertus exemplaires, une rose éclatante de beauté par la ferveur de la dévotion. Oui, je vous le promets, ô très aimable Petite, aidé de votre secours, je satisferai votre désir le mieux qu'il me sera possible. Ainsi soit-il.

PRATIQUE

Veiller avec le plus grand soin à ne jamais scandaliser en rien le prochain.

ASPIRATION

Rosa mystica, ora pro nobis.

Rose mystique du Paradis, rendez-moi digne de l'un de vos sourires.

17e Exemple

Grâce d'une bonne mort obtenue en faveur d'un jeune homme par l'intercession de Marie Enfant.

Au mois de juin 1885, un excellent jeune homme, d'une famille très chrétienne et des plus honorables de Lombardie, tomba malade. On peut penser dans quelle profonde affliction furent plongés tous les siens, d'autant plus que les médecins ne donnaient aucun espoir de guérison. Ce jeune homme, dont l'esprit était vif et le caractère très ardent, était loin de songer que cette maladie dût l'emporter. L'amour de la vie, si facilement entretenu dans la jeunesse par les ardentes espérances d'un avenir plein de charme, tenait son cœur bien éloigné de prendre la plus grave des déterminations, celle de se préparer à une mort prochaine. Personne dans la famille ne se sentait le courage d'annoncer franchement et sans détour au malade la fatale nouvelle, tant il se montrait inaccessible à toute parole qui, même indirectement, aurait pu lui inspirer quelque crainte de la mort. En attendant, le mal faisait des progrès, et le malade s'affaiblissait rapidement ; peu s'en fallait qu'il n'eût plus assez de force pour songer à son âme. Dans une si triste situation, ses parents désolés, souhaitant avant tout le salut éternel de leur enfant, commencèrent une fervente neuvaine à la *Santissima Bambina*, pour obtenir à ce fils chéri la grâce de la mort des justes. Or, plus la neuvaine s'avançait, plus le malade donnait des signes évidents de résignation chrétienne et de soumission sincère à la volonté de Dieu. Les pieux exercices n'étaient pas encore terminés quand, de son propre mouvement, ce bon jeune homme, appelant sa mère et la faisant approcher de son lit, lui dit tout bas et d'une voix émue : « Maman, je « veux me confesser. » La grâce demandée à la Vierge Enfant était donc obtenue, et non d'une façon quelconque, mais d'une manière si extraordinaire que, et le confesseur qui assista le mourant jusqu'au dernier soupir, et les parents, et les personnes présentes en furent au comble de la joie et de l'admiration. Il était, en effet, impossible d'expliquer naturellement un tel changement dans les dispositions de ce jeune homme, d'abord si rebelle à la pensée de la mort, et ensuite si transporté du désir de quitter la vie ; d'abord si inquiet, si effrayé, et ensuite si calme, si heureux, qu'on eût envié son bonheur. Cette mort édifiante, engagea beaucoup de personnes à embrasser la dévotion à Marie Enfant, dont tous se plaisaient à reconnaître l'aimable intervention dans ce prodige.

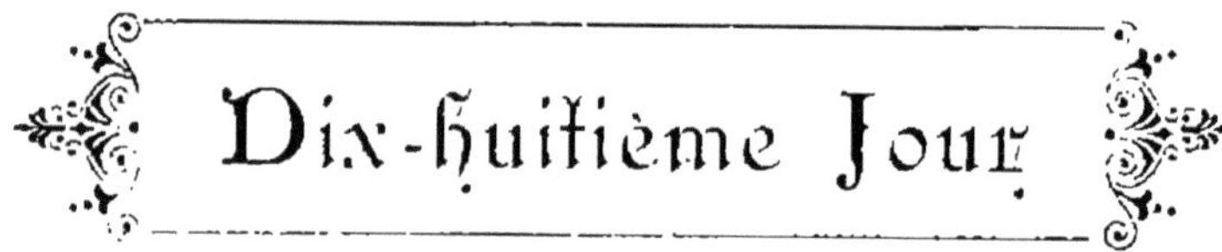

Dix-huitième Jour

MARIE FIGURÉE PAR LE LIS

Israel germinabit sicut lilium.
Israel germera comme le lis (Osée, XIV, 6).

1. **Le lis, figure de Marie.** — « Comme un lis entre « les épines, telle est ma bien-aimée parmi les filles « d'Israël : *Sicut lilium inter spinas, sic amica mea* « *inter filias* (1). » Cette bien-aimée que l'Epoux divin chérit à cause de son exemption de toute souillure, c'est Marie (S. Bernard).

RÉFLEXION. — Autant le lis est beau quand il est intact et dans toute sa blancheur, autant il est désagréable à voir quand il commence à se faner et à jaunir. Ainsi de l'âme : autant elle doit être belle aux yeux de Dieu lorsqu'elle conserve son innocence,

(1) Cant., II, 2.

autant elle doit lui inspirer d'horreur et de dégoût dès qu'elle est souillée par le péché. Si donc j'avais eu le malheur de perdre la blanche robe de l'innocence baptismale, quel déplorable changement se serait opéré en moi pour l'œil de Dieu ! Je devrais en être inconsolable.

2. **Traits de ressemblance entre le lis et Marie.** — Par l'élévation de sa tige, la blancheur de sa corolle et la suavité de son parfum, le lis est considéré comme le roi des fleurs : de même, Marie s'élève au milieu de tous les saints par sa dignité en quelque sorte divine, par sa miraculeuse virginité, l'éminente sainteté de sa vie et l'éclat de ses vertus.

Réflexion. — Si j'avais perdu la blancheur de l'innocence, je pourrais encore la recouvrer par la pénitence. En effet, par la vertu du sang de l'Agneau divin, la pénitence donne à l'âme pécheresse et souillée une blancheur supérieure à celle du lis et de la neige. Et si j'ai été semblable à un lis brisé et flétri, aujourd'hui, réparé par la grâce, je puis contribuer, par mes bons exemples et mon zèle, à ce que d'autres lis se conservent toujours intacts et purs de toute souillure.

3. **Application morale.** — A l'exemple de Marie, élevons notre cœur et notre esprit au-dessus des choses terrestres, *sursum corda,* en nous éloignant des occasions de porter atteinte à la chasteté, et en nous efforçant, par notre exemple, d'attirer les autres à la pratique de la vertu.

Réflexion. — Le lis est l'emblême de la sainte pureté, et puisque, par cette vertu, Marie est devenue la reine des vierges, je dois m'efforcer aussi d'être comme un lis blanc au milieu de tant de souillures dont le monde actuel est inondé. Il me faut pour cela une grande circonspection, afin d'éviter les occasions de scandale et de séduction qui se rencontrent partout. Dans ce but, à l'exemple de Marie, je me tiendrai éloigné du monde, et je m'adonnerai à une vie pénitente et mortifiée.

COLLOQUE

Si Jésus est le Bien-aimé « *qui se nourrit parmi les* « *lis* (1), » vous, ô Marie Enfant, vous devez être, entre tous les lis, celui qui lui est le plus agréable. Il vous a choisie pour mère, précisément parce que, entre toutes les femmes, vous lui avez paru la plus sainte, la plus parfaite, la plus immaculée. Auprès de vous toutes les autres femmes, même saintes, tous les hommes, même parfaits, n'ont été aux yeux de Jésus que de grossières épines. Vous seule n'avez jamais été souillée d'aucune tache du péché, et si grand a été votre amour pour la pureté virginale que le cœur très pur du Fils de Dieu en a été épris. Par là je comprends, ô céleste Petite, ce que je dois faire pour plaire à Jésus et pour vous plaire. Je dois être si exempt de toute faute, si pur, si immaculé que, de plante desséchée et d'épine très dure, comme je l'ai été par le passé, je devienne à l'avenir, en menant une toute autre vie, semblable à un lis par la vertu. Je vous en conjure, ô très aimable Enfant, aidez-moi à réaliser mon désir. Ainsi soit-il.

(1) Cant., II, 16.

PRATIQUE

S'appliquer avec soin à la garde de ses yeux, qui sont les fenêtres de l'âme.

ASPIRATION

Regina sine labe originali concepta, ora pro nobis.

Vous qui seule avez été conçue sans la tache du péché, sauvez la race malheureuse qui en a été infectée.

18e Exemple

Marie Enfant guérit de la surdité une de ses fidèles servantes.

Dans le monde, on tient pour un grand avantage d'avoir l'amitié des personnes influentes, leur faveur étant estimée comme un moyen d'obtenir un secours efficace dans les nécessités de la vie. Mais trop souvent ces espérances sont déçues, tant il est rare de trouver des amis dans le malheur. Heureux, doit-on dire au contraire, celui qui a pour amis ceux dont le crédit est puissant auprès de Dieu, car, en sollicitant leur intercession, il obtient toute sorte de bienfaits, ceux-là même qui sont au-dessus de l'ordre naturel.

C'est de ce trésor d'une amitié sainte que jouissait une vertueuse dame, affligée d'une surdité presque totale. Une de ses amies, personne très pieuse et très dévote à Marie Enfant, la voyant dépenser inutilement son argent en remèdes, lui suggéra de recourir aux moyens que nous offre la foi, et que nous fournit la dévotion pratique. Un jour donc, c'était en l'année 1885, après avoir visité la *Santissima Bambina* et l'avoir priée avec ferveur pour son amie, cette pieuse personne se fait donner du coton bénit mis en contact avec la sainte image. Du même pas, elle va trouver l'infirme et lui présente ce coton comme un excellent remède à sa surdité, l'engageant à le mettre dans ses oreilles avec une grande confiance en la protection de Marie. Celle-ci y consent bien volontiers, et sur-le-champ toutes deux commencent une dévote neuvaine à la Vierge Enfant.

Le lendemain matin, à peine éveillée, la sourde d'hier entendait, à son grand étonnement, sonner les heures, chose absolument nouvelle pour elle. C'en fut assez pour inonder son cœur de joie et lui donner l'assurance que la *Santissima Bambina* avait déjà commencé à exaucer ses prières. Elle poursuivit donc sa neuvaine avec plus de dévotion encore, et, quand elle l'eut terminée, elle continua de se recommander à Marie, constatant chaque jour une amélioration sensible dans son état, et déclarant à tous qu'assurée maintenant de sa guérison, elle irait bientôt remercier Marie Enfant de l'avoir entièrement délivrée de sa surdité. Elle fut bientôt guérie, en effet, et accomplit sa promesse.

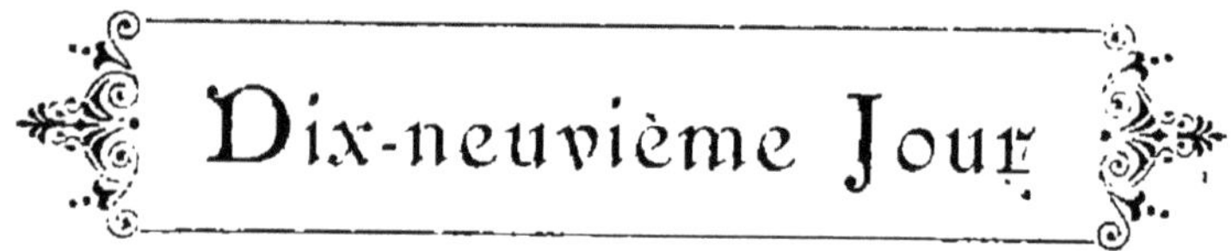

Dix-neuvième Jour

MARIE FIGURÉE PAR ÈVE

Vocavit Adam nomen uxoris suæ Heva, eo quod mater esset cunctorum viventium.

Adam donna à sa femme le nom d'Ève, parce qu'elle était la mère de tous les vivants (Gen., III, 20).

1. **Ève, figure de Marie.** — « Il semblerait plus juste, « dit l'abbé Rupert, d'appeler Ève la mère des morts « que la mère des vivants ; » il n'en est rien cependant, « car, ajoute saint Epiphane, Ève pouvait porter « ce nom en sa qualité de figure de celle qui devait

« être la véritable mère de tous les vivants, c'est-à-« dire de Marie. »

RÉFLEXION. — Ève tomba dans le péché malgré sa sainteté et les dons de Dieu dont elle était enrichie. C'est une leçon pour moi : si je m'expose à l'occasion du péché, ce serait présomption de croire que je ne succomberai pas à mon tour. J'examinerai donc si, de temps en temps, je ne me jette pas volontairement dans le danger d'offenser Dieu, et, si ma conscience me fait quelque reproche à cet égard, tout aussitôt et sans chercher de prétexte, j'y mettrai ordre et je fuirai généreusement l'occasion.

2. **Traits de ressemblance entre Ève et Marie**. — Ève a été créée par Dieu dans un état d'innocence, et, avant sa chute, elle était ornée de la justice originelle, exempte de la concupiscence, et toute sainte ; enfin, dans l'ordre naturel, elle était véritablement la mère de tout le genre humain. De même, Marie a été conçue sans la tache du péché, préservée de la concupiscence, établie dans une parfaite sainteté, et, en sa qualité de Mère de Dieu, elle est devenue la Mère de l'Eglise universelle.

RÉFLEXION. — Combien grande est la miséricorde de Dieu envers l'homme ! Au lieu d'abandonner à la rigueur de sa justice Adam et Eve devenus pécheurs, et de laisser à leur postérité l'héritage de sa malédiction, ce Dieu de bonté avait déjà décrété l'œuvre de la rédemption, et nous réservait la seconde Ève pour en faire la réparatrice des maux que la première nous avait causés. Marie, la nouvelle Ève, est l'expression la plus belle de la divine miséricorde : Marie doit donc être tout mon amour.

3. **Pensée pratique.** — Si, dans les difficultés sans nombre qui se rencontrent au service de Dieu, nous avons soin de recourir à la protection de Marie en lui rappelant nos misères, comme étant l'héritage laissé à ses enfants par la première Ève, Marie, soyons-en certains, nous accordera sa miséricordieuse assistance.

Réflexion. — Dans l'ordre de la divine Providence, Marie est sans aucun doute destinée à être le refuge des pécheurs ; elle sert de contrepoids à la première mère universelle, dont la faute contribua à faire de nous des pécheurs. Oui, l'idéal de Marie est tout ce qu'il y a de plus cher et de plus consolant pour notre cœur. En Marie, les innocents ont un refuge qui les met à l'abri de toute chute ; en Marie, les pécheurs ont une protectrice qui les aide efficacement à se relever ; en un mot, Marie est toute notre espérance.

COLLOQUE

Quelle est admirable, quelle est merveilleuse cette prérogative par laquelle Dieu vous a donné un rang à part entre toutes les femmes, ou plutôt entre toutes les créatures, ô très sainte petite Marie ! Vous aussi, selon la nature, vous êtes fille d'Ève, oui, de la coupable et malheureuse Ève ; mais, prédestinée à la maternité divine, vous lui avez obtenu la grâce qui l'a sanctifiée, et la vie éternelle qui l'a rendue bienheureuse. Vous méritez donc à bon droit, ô Marie, le titre de Mère de tous les vivants, des vivants de la vie surnaturelle et de la vie éternelle. Ah ! je vous en conjure, très gracieuse Petite, jetez un regard de miséricorde sur moi, fils malheureux de la première Ève, sur moi l'héritier de son péché et de ses infortunes ! Que ce regard me dise tout l'amour que vous me portez, et fortifie dans mon cœur l'espérance certaine que vous m'aiderez à mériter ici-bas la mort des justes, et ensuite la vie éternelle avec vous dans le ciel. Ainsi soit-il.

PRATIQUE

Lire quelque ouvrage traitant de la Très sainte Vierge.

ASPIRATION

Mater Creatoris, ora pro nobis.

O Marie, vous êtes la mère du Créateur ; c'est sa volonté que vous soyez aussi la mienne.

19e Exemple

Guérison miraculeuse d'un enfant, opérée par la Santissima Bambina.

Il y a quelques années, la Vierge Enfant remplissait d'une indicible consolation les cœurs de ses pieux serviteurs, en opérant une de ces guérisons qui font jaillir spontanément sur les lèvres des témoins le mot : miracle ! Le fait eut lieu à Milan, dans la chapelle des Sœurs de la Charité ; voici comment :

Un jeune garçon, âgé de moins de quinze ans, du nom de C. D., atteint de la spinite ou inflammation de la moëlle épinière, était si étrangement courbé qu'il ne pouvait se tenir sur ses pieds et inspirait la pitié à tous ceux qui le voyaient. Son père et sa mère surtout en ressentaient une extrême affliction. Comme ils étaient profondément chrétiens, il n'y avait pas en Lombardie, leur patrie, de sanctuaire de la sainte Vierge où ils ne conduisissent leur pauvre enfant, dans l'espoir que celle qui est la *Santé des infirmes*, la *Consolatrice des affligés*, les consolerait en le guérissant. Mais ce n'était dans aucun de ces sanctuaires que Marie voulait faire éclater la puissance de son intercession et la tendresse de son cœur miséricordieux. Le lieu choisi par cette céleste Mère était la petite chapelle des Sœurs de la Charité à Milan, devenue sanctuaire de Marie par les grâces nombreuses qu'y ont reçues les pieuses personnes de toute condition qui la fréquentent depuis plusieurs années, et dans laquelle on vénère avec une grande dévotion la gracieuse statue de la Vierge au berceau. Les parents du jeune infirme apprirent l'existence de ce sanctuaire, et entendirent raconter les guérisons miraculeuses obtenues par ceux qui avaient eu recours à la *Madonnina*. Ils y volèrent, eux aussi, pour recommander leur pauvre enfant à Marie, avec l'assurance d'être enfin exaucés. Ce qui se passa alors eut quelque chose de vraiment merveilleux et contribua puissamment à la gloire de la *Santissima Bambina,* en même temps qu'il excita dans tous les cœurs une dévotion qui alla jusqu'à l'enthousiasme. Le petit rachitique arriva tout courbé et difforme à la sainte chapelle, plutôt porté par ses parents que marchant. Dans le cher sanctuaire régnait un pieux silence, interrompu seulement par les soupirs des parents et de l'enfant. Mais bientôt, dans cette atmosphère de dévotion et sous le gracieux regard de Marie, le petit malade parut se ranimer et revenir à la vie. Quelques moments s'écoulèrent encore dans la prière, et la transformation était complète : toute trace de difformité avait disparu, la spinite était guérie, et l'enfant, devenu agile, se tenait droit, comme si jamais il n'avait eu aucun mal.

Vingtième Jour

MARIE FIGURÉE PAR SARA, MÈRE D'ISAAC

Dixitque Sara : risum fecit mihi Deus.
Et Sara dit : Dieu m'a donné un sujet de joie (Gen., XXI, 6).

1. **Sara, figure de Marie.** — Marie a été représentée par Sara, mère d'Isaac, dont le nom signifie *rire ;* en effet, Jésus, son divin Fils, a été véritablement la joie du monde entier, comme le déclare l'abbé Rupert : « *Risus fuit et gaudium universæ terræ.* »

Réflexion. — La sainte mère d'Isaac est encore une figure de Marie. Sara attribua à Dieu la naissance de son fils ; ainsi Marie, après avoir dit à l'ange : « *Qu'il me soit fait selon votre parole,* » attendit de Dieu l'accomplissement du mystère qui lui était annoncé. Dieu seul étant la cause principale de toutes choses, et dans l'ordre de la nature et dans l'ordre de la grâce, c'est à lui que nous devons toujours rapporter tout bien, à lui que nous devons en témoigner notre reconnaissance. Sans doute je me trouverai bien infidèle sur ce point ; désormais je m'efforcerai de me corriger.

2. **Raisons de cette ressemblance.** — Sara, déjà avancée en âge, devint, par une faveur particulière de la Providence, mère d'Isaac, en qui toutes les générations devaient être bénies : de même Marie, sans intervention humaine, devait devenir mère du

Sauveur du monde. Sara, en se disant sœur d'Abraham, le préserva de la violence des barbares : ainsi, nous adressant à Marie, pouvons-nous lui dire avec saint Bonaventure : « O notre Sara, dites aussi que « vous êtes notre sœur ; et, à cause de vous, Dieu « nous accordera ses biens et nous préservera des « assauts des Egyptiens de l'enfer. »

Réflexion. — Ce qui rendit célèbre l'épouse d'Abraham, c'est qu'Isaac, son fils, était la figure de Jésus-Christ ; et voilà principalement en quoi Sara représente Marie, dont toutes les grandeurs ont leur source dans sa qualité de mère de Dieu. A cette gloire, nous pouvons, nous devons même aspirer, nous aussi, en amenant, par l'apostolat chrétien, à la connaissance, à l'amour, et à l'imitation de Jésus, tant d'infortunés en qui Dieu ne règne pas encore par sa grâce et sa charité.

3. **Application pratique**. — La pensée qu'en recourant à Marie, nous recourons à un membre de l'humanité, appartenant à notre race et à notre famille, mais en même temps réellement et très étroitement uni de parenté avec Dieu, doit être pour nous le plus puissant encouragement à nous montrer ses serviteurs et à espérer tout bien de sa protection.

Réflexion. — Les saints disent vrai : Marie mérite tellement nos louanges et nos hommages, que tout ce que nous pourrons dire et faire restera toujours bien au-dessous de ce que nous lui devons. Aussi est-il juste de conclure avec eux que, sauf ce qui appartient exclusivement à Dieu, nous pouvons attribuer à Marie toutes les excellences imaginables ;

or, n'y a-t-il pas pour nous à le faire une sorte d'enthousiasme et d'ineffable complaisance, puisque, nous le savons, Marie étant de notre famille, toute cette splendeur de la Mère de Dieu rejaillit sur nous?

COLLOQUE

Elle fut bien favorisée la mère d'Isaac, en recevant de Dieu, d'une manière si éloignée de toute prévision humaine, la grâce de mettre au monde ce grand patriarche, qui fut la souche dont voulut naître le Sauveur. Mais, ô sainte Enfant, vous êtes sans comparaison plus heureuse et plus privilégiée, vous qui, dès l'éternité, avez été appelée et prédestinée à devenir la Mère elle-même de ce divin Libérateur si longtemps attendu! Oui, c'est bien à vous qu'il convenait de prononcer ces paroles : « Et mon esprit « est ravi de joie en Dieu mon Sauveur : *Et exultavit « spiritus meus in Deo salutari meo.* » O céleste Petite, soyez aussi pour moi une cause de joie, non de la vaine joie offerte par le monde, mais de cette joie véritable jaillissant du cœur de Jésus et que vous savez obtenir à vos serviteurs, joie sainte qui les soutient et les fortifie dans le service et l'amour de Dieu. Cette joie-là, je vous la demande et je l'attends de vous. Ainsi soit-il.

PRATIQUE

Prendre la résolution de s'abstenir, pour l'amour de Marie, de boire et de manger hors l'heure des repas.

ASPIRATION

Causa nostræ lætitiæ, ora pro nobis.

Vous êtes la cause de notre joie. O Marie, donnez-moi la joie du cœur.

20e Exemple

Guérison instantanée d'un aveugle obtenue par l'intercession de Marie Enfant.

Il est facile de le constater : à notre époque où l'on cherche à entrainer le peuple dans l'indifférence religieuse et l'incrédulité, la Providence veille au salut des simples et soutient merveilleusement leur foi, quelquefois même à l'aide des miracles. Au nombre de ces faits miraculeux, on doit placer la guérison dont nous allons faire le récit :

Le jeune G. G., fils unique d'une veuve indigente, fut pris d'une terrible fièvre typhoïde qui le conduisit aux portes du tombeau. S'il ne perdit pas la vie, il le dut assurément aux supplications ardentes par lesquelles sa mère inconsolable fit violence au cœur de Marie Enfant. La maladie dont on redoutait l'issue fatale céda enfin à l'énergie des remèdes, rendus efficaces par la bénédiction de Marie. Le bonheur de la mère fut toutefois de peu de durée ; son fils était guéri, il est vrai, de la fièvre typhoïde, mais l'ardeur du mal et la force des remèdes l'avaient rendu totalement aveugle. Pauvre mère ! elle avait demandé la guérison de son fils, l'unique soutien de son existence ; ses prières l'arrachent à la mort ; cependant il va vivre hélas ! pour lui être une charge et non un secours. Comment n'être pas ému de compassion à un tel spectacle ? Et Marie Enfant, en qui bat un cœur digne d'être celui de la mère future de la miséricorde même, de Jésus, qui un jour s'incarnera dans son sein virginal, se montrera-t-elle sans entrailles pour cette mère affligée ? La pauvre veuve comprit que sa prière ne pouvait être rejetée, et, sans rien perdre de sa confiance, elle commença avec son fils une neuvaine à

Marie Enfant. La neuvaine finie, le petit aveugle voyait déjà assez pour se conduire tout seul. Bientôt, il pouvait distinguer les objets ; puis insensiblement, et toujours de mieux en mieux, il recouvra complètement la vue. L'heureux jeune homme en garde aujourd'hui une si vive reconnaissance à sa céleste Libératrice, qu'il ne peut se lasser d'exalter sa puissance auprès de Dieu et de la remercier de la bonté dont son cœur est rempli pour tous les malheureux.

Vingt et unième Jour

MARIE FIGURÉE PAR RÉBECCA, MÈRE DE JACOB

Rebecca vestibus Esau valde bonis... induit eum, pelliculasque hædorum circumdedit manibus, et colli nuda protexit.

Rébecca revêtit Jacob de très beaux vêtements d'Esaü..., elle lui mit autour des mains la peau des chevreaux et lui en couvrit les parties nues du cou (Gen., XXVII, 15, 16).

1. **Rebecca, figure de Marie.** — Comme mère de Jacob, qui fut tout ensemble l'ancêtre et la figure de Jésus-Christ, Rébecca est la figure de Marie, selon le sentiment de plusieurs commentateurs de nos Livres saints.

Réflexion. — Le nom de Rébecca signifie en latin *saginata*, c'est-à-dire *nourrie*. Par là encore cette femme juive peut être considérée comme la figure de Marie dans l'ordre spirituel, attendu que la Très Sainte

Vierge a été nourrie spirituellement par Dieu de l'aliment de la grâce plus parfaitement qu'aucune créature, au point d'être appelée *Mère de la grâce*. Si donc je veux recevoir une grâce proportionnée à mes besoins, je l'obtiendrai par une fidèle dévotion envers Marie, de qui je dois l'attendre.

2. **Traits de ressemblance entre Rébecca et Marie.** — Rébecca connut, par une révélation d'en haut, les destinées de son fils Jacob : Marie apprit par l'ange Gabriel et par le saint vieillard Siméon celles de Jésus. Rébecca revêtit Jacob, figure des justes, des vêtements d'Esaü, figure des pécheurs : Marie revêtit Jésus, le juste par excellence, des dépouilles de la nature humaine pécheresse.

Réflexion. — Quels motifs d'humilité et de douleur je dois puiser dans la pensée que, par la coopération de Marie, Jésus s'est revêtu de la nature humaine déshonorée par les péchés des hommes, et souillée encore davantage par tous ceux dont j'ai eu moi-même le malheur de me rendre coupable jusqu'à présent ! mais, j'en ai la confiance, grâce à la protection de Marie, Jésus, en s'en chargeant, les a déjà effacés par les mérites de sa passion et de sa mort.

3. **Pensée morale.** — Marie, figurée par la mère de Jacob, est appelée par saint Bonaventure Mère universelle de tous les fidèles : « *Mater omnium fidelium universalis.* » Ainsi, pour éprouver plus parfaitement la douce efficacité de cette maternité de Marie, attachons-nous à Jésus son Fils, avec une foi de jour en jour plus vive, une foi pratique, une foi qui se manifeste par les œuvres.

RÉFLEXION. — Jamais je ne remercierai assez mon Dieu de m'avoir accordé le don de la foi : mais aussi je dois ne pas cesser un seul instant de veiller sur moi-même, de peur que, ne vivant pas d'une manière conforme à ma croyance, je ne devienne semblable à ce serviteur paresseux de l'Évangile qui enfouit follement le talent qu'on lui avait confié à faire valoir. Toujours je me souviendrai que « *le juste vit de la foi* (1). »

COLLOQUE

O sainte Marie Enfant, j'éprouve une joie ineffable en pensant que les plus illustres femmes de l'ancienne alliance ont été, dans l'idée de Dieu, prédestinées à vous figurer, vous la bénie entre toutes les femmes. Mais je me réjouis particulièrement de vous voir figurée par Rébecca. Cette mère, en effet, favorisa Jacob son plus jeune fils, de préférence à l'aîné ; et, vous, ô Marie, n'aurez-vous pas une spéciale affection pour nous autres chrétiens, qui, venus après la Synagogue, avons été substitués à ses fils dans la fondation de l'Église? Je vous prie donc, ô très aimable Petite, de pousser vers Dieu vos tendres vagissements, les lui offrant comme autant de prières pour m'obtenir la fidélité aux promesses de mon baptême, et la grâce de vivre en vrai fils de l'Église catholique, apostolique et romaine, dont vous êtes, ô Marie, la Mère très aimante. Ainsi soit-il.

(1) Hébr., X, 38.

PRATIQUE

Se tenir avec beaucoup de respect et de modestie dans la maison de Dieu.

ASPIRATION

Virgo prudentissima, ora pro nobis.

O Marie, Vierge très prudente, servez-moi de guide au milieu des ténèbres.

21e Exemple

Opération chirurgicale très dangereuse, parfaitement réussie grâce à l'intercession de Marie Enfant.

Une dame de Milan obtenait, il y a peu de temps, sa guérison par l'intercession de Marie Enfant. Voici comment elle-même raconte le fait :

« Depuis plusieurs mois déjà, dit-elle, je sentais au côté droit une dureté qui me causait de la douleur. D'après les médecins, elle avait tous les caractères d'une tumeur; aussi, de leur avis unanime, une opération était le seul moyen de guérison à essayer. Je demandai alors à Marie Enfant de m'inspirer s'il était mieux ou non pour moi de recourir à ce moyen douloureux et difficile, et j'allai la prier dans sa magnifique chapelle, chez les Sœurs de la Charité. Après l'avoir longuement implorée, je me sentis le courage de me soumettre à l'opération, et en même temps j'eus comme une assurance de son plein succès. Ainsi fortifiée, je m'abandonnai sans la moindre peine aux mains des chirurgiens, étonnés de mon intrépidité. L'opération terminée, on constata l'évidente intervention de Marie ; en effet, étant données toutes les circonstances, l'art seul et les forces de la nature eussent été insuffisantes à amener une guérison si difficile et néanmoins si parfaitement obtenue. La tumeur était relativement énorme, et, pour l'extraire, je dus subir un véritable et sanglant martyre, d'autant plus pénible que j'étais devenue d'une maigreur effrayante et réduite à un état de prostration extraordinaire. Malgré cela, je n'eus, à la suite de cette opération, qu'une demi heure de fièvre, et les profondes incisions faites dans les chairs mirent relativement peu de temps à se cicatriser entièrement. Aussi ceux qui auparavant avaient craint une issue funeste, ne revenaient pas de leur étonnement en me voyant si promptement rétablie et ne pouvaient s'expliquer une telle merveille. Pour moi je n'avais pas de peine à la comprendre, sachant, à n'en pouvoir douter, que je devais attribuer cette guérison éclatante à la toute-puissante protection de la *Santissima Bambina*, dont la bénédiction avait rendu efficaces les efforts de l'art, comme je le lui avais demandé avec une si grande confiance. »

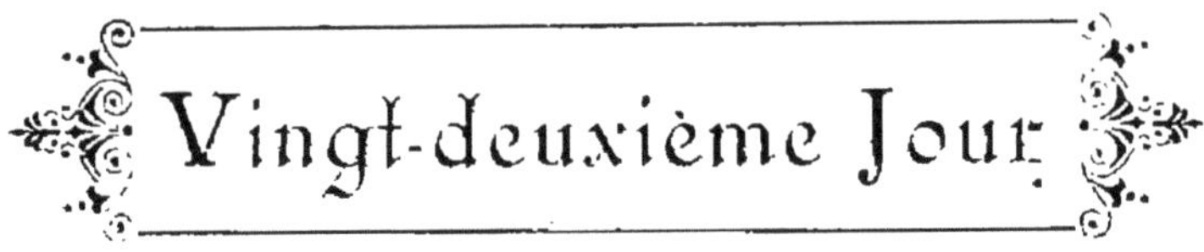

Vingt-deuxième Jour

MARIE FIGURÉE PAR RACHEL

Rachel decora facie et venusto aspectu.

Rachel était belle et d'un visage agréable (Gen., XXIX, 17).

Rachel, egrediente autem anima præ dolore et imminente jam morte, vocavit nomen filii sui Benoni, id est filius doloris mei.

Rachel, sentant que la violence du mal la faisait mourir, et étant près d'expirer, nomma son fils Bénoni, c'est-à-dire le fils de ma douleur (Gen., XXXV, 18).

1. **Rachel, figure de Marie.** — Les interprètes des Livres saints ont vu, pour certaines raisons d'analogie, une figure de Marie en Rachel, la célèbre

épouse de Jacob, comme dans les autres femmes illustres de l'Ancien Testament. Les traits de ressemblance entre l'une et l'autre sont, en effet, très frappants.

Réflexion. — Rachel signifie *brebis,* et ce nom seul rappelle déjà Marie, choisie de Dieu pour être la Mère de Jésus, l'Agneau qui efface les péchés du monde, Agneau sans tache et plein de mansuétude. Moi aussi, j'appelle Marie ma mère ; mais quelle différence entre Jésus et moi ! Jésus efface le péché, et moi je le commets et le fais commettre aux autres ; Jésus est la douceur même, et moi je suis d'un caractère difficile, colère et vindicatif. Je l'espère, cependant, Marie agira envers moi comme une mère, et m'aidera à me corriger.

2. **Traits de ressemblance entre Rachel et Marie. —** La beauté incomparable de Marie a été figurée par celle de Rachel. Le patriarche Jacob aima Rachel d'un amour sans mesure, et Dieu aima Marie non seulement plus que toutes les femmes, mais plus que toutes les créatures. Enfin Rachel prit soin de Joseph, figure de Jésus, et Marie prit soin de Jésus ; Rachel mourut en donnant le jour à Benjamin, et Marie souffrit les plus déchirantes angoisses en enfantant les hommes, que Jésus s'était substitués, et en nous donnant par Jésus la vie de la grâce.

Réflexion. — Je dois en toute vérité être appelé par Marie l'enfant de sa douleur, en raison de mes péchés sans nombre, et de l'affliction si profonde qu'ils ont causée à son cœur en procurant la douloureuse mort de Jésus, son Fils bien-aimé. Si, au moins aujourd'hui, j'avais cessé de mériter ce triste nom ! Ah ! je le promets à ma Mère désolée, ce nom ne sera plus le mien.

3. **Pensée pratique.** — Nous considérant comme les enfants du cœur transpercé de Marie, comprenons qu'il ne nous suffit pas de lui rendre un amour quelconque ; nous lui devons un amour vraiment filial, l'amour le plus tendre dont notre cœur soit capable.

Réflexion. — Si je veux me montrer un véritable enfant de Marie, toutes les fois que je penserai à mes péchés, je me rappellerai en même temps ses douleurs, et ce souvenir contribuera puissamment, je l'espère, à faire naître en moi l'esprit de componction et à me maintenir dans la fidélité à mes devoirs.

COLLOQUE

Le Saint-Esprit me recommande de ne jamais oublier les gémissements de la mère qui me donna cette misérable et passagère existence. Combien plus dès lors ne suis-je pas obligé de garder le souvenir constant des douleurs de celle qui souffrit bien plus encore pour m'enfanter à la vie surnaturelle de la grâce ! C'est vous, ô belle et gracieuse petite Marie, c'est vous qui fûtes destinée à devenir pour moi cette seconde mère. Je vous reconnais dès maintenant pour telle, et jamais, je vous le promets, je n'oublierai les cruelles angoisses que vous avez endurées pour moi, pauvre pécheur. Afin de vous témoigner ma reconnaissance, je prends la résolution d'être prêt à faire pour l'amour de vous tous les sacrifices, comme une preuve que je vous reconnais, ô Marie, pour ma véritable mère. Ainsi soit-il.

PRATIQUE

Réciter sept *Ave Maria* en l'honneur de Notre-Dame des Sept douleurs.

ASPIRATION

Virgo dolorosissima, ora pro nobis.
Par vos douleurs, Mère très douce, obtenez miséricorde aux pécheurs.

22e Exemple

Une grâce, qui n'en semble pas une, est obtenue de Marie Enfant.

Une dame de Milan raconte ainsi le fait suivant, dans lequel elle eut la part principale :

« Au mois de juillet dernier, un télégramme m'appela inopinément à la campagne, hors de l'archidiocèse, pour assister un de mes petits neveux âgé d'un peu plus de six ans, nommé Auguste, pris soudainement de la terrible maladie de la diphthérite. J'y volai en toute hâte, mais, à dire vrai, le cœur brisé de douleur, persuadée que j'allais être témoin d'une scène des plus déchirantes. Je savais devoir trouver les parents du petit malade les yeux tout humides encore des larmes versées à la mort d'un autre de leurs enfants, nommé Gaston, ravi à leur amour depuis trois mois seulement, à l'âge de quatre ans.

« Je me les représentais en proie à la douleur de perdre encore Auguste, qui allait être le neuvième de leurs enfants morts à cet âge si tendre. J'allais voir cet enfant que j'aimais tant, lutter en vain contre la violence de la fatale maladie, se débattre dans les étreintes d'une lente et cruelle agonie, et rendre enfin le dernier soupir. O mon Dieu, de quelle amertume ces tristes images ne remplissaient-elles pas mon cœur durant le voyage ! Mais une autre pensée venait de temps en temps rasséréner mon âme : je m'étais munie d'un remède qui, j'en avais la confiance, guérirait mon neveu en danger. Ce remède n'était autre que du coton bénit par le contact de la sainte image de Marie Enfant. Cette pensée semblait me faire sortir d'un abîme de douleur.

« A mon arrivée, je trouvai hélas ! toutes choses telles que mon imagination ne me les avait que trop fidèlement dépeintes. Mon petit neveu était presque à l'extrémité ; tous les assistants versaient des larmes. Moi-même je laissai couler les miennes ; mais l'espoir de sauver l'enfant me donna du courage. « Allons, dis-je, prions Marie Enfant. » Nous priâmes quelque temps, mêlant nos pleurs à nos prières. Je mis ensuite un peu de coton bénit dans un verre d'eau, et j'en donnai à boire au cher malade ; le pauvre petit, sachant que c'était une eau bénite par la *Santissima Bambina*, s'efforça, — et avec quel élan de confiance ! — d'en avaler au moins quelques gouttes, car sa gorge si enflammée ne laissait plus rien passer et à peine pouvait-il respirer. J'appliquai ensuite le saint coton à la gorge de l'enfant, espérant toujours une crise heureuse et sa guérison. Monsieur le curé vint peu après, pour la seconde fois, lui donner sa bénédiction. Qui pourrait dire avec quelles marques de dévotion le petit malade écoutait les paroles du prêtre ; il priait avec lui et demandait pardon de ses péchés. Pour moi, je tremblais à l'idée de me résigner à la perte de ce petit ange. Chaque fois que je lui parlais de Marie Enfant, il me répondait par un sourire vraiment céleste.

« Tout à coup il se tourna vers sa mère, qui se tenait près de lui, et, de son mieux, il la pria de le couvrir comme s'il eût voulu dormir. Sa mère le fit ; l'enfant resta alors dans cette position et ne fit plus aucun mouvement. Son âme innocente, sans secousse, sans agonie, s'était envolée entre les bras de la sainte Vierge.

« O vertueuse mère d'Auguste, je prends part à ta douleur :

voilà, en effet, la neuvième victime que la mort te demande en si peu d'années ; mais aussi je te porte une sainte envie, attendu que c'est le neuvième enfant que tu donnes au ciel. La Reine des anges, éprise de tes enfants, te chérit tendrement, car tu es mère de petits anges. »

Vingt-troisième Jour

LA TRÈS SAINTE VIERGE MARIE FIGURÉE PAR MARIE, SŒUR DE MOYSE ET D'AARON.

Sumpsit ergo Maria prophetissa, soror Aaron, tympanum in manu sua ; egressæque sunt omnes mulieres post eam cum tympanis et choris. Quibus præcinebat dicens : Cantemus Domino : gloriose enim magnificatus est ; equum et ascensorem dejecit in mare.

Marie, la prophétesse, sœur d'Aaron, prit donc un tambourin, et toutes les femmes marchèrent à sa suite, ayant aussi des tambourins et formant des chœurs de musique. Et Marie chantait la première, disant : « Chantons des hymnes au Seigneur, car il a fait éclater sa gloire, et il a précipité dans la mer le cheval et le cavalier » (Exod., XV, 20-21).

I. **Marie, sœur de Moyse et d'Aaron, figure de la Très Sainte Vierge.** — Dans le texte du Livre de l'Exode que nous venons de citer, la sœur de Moyse et d'Aaron est pour la première fois appelée Marie (on ne lui donne pas ce nom aux versets 4 et 7 du chapitre II) ; c'est seulement, en effet, après le passage de la mer rouge qu'elle commença à être la figure de la Très Sainte Vierge. Tel est le sentiment de Cornelius a Lapide sur ce texte.

RÉFLEXION. — Le nom de Marie signifie d'abord *élevée,* et, à cause de cette signification, Marie, sœur de Moyse et d'Aaron, qui fut élevée au-dessus de toutes les femmes d'Israël pour être leur conductrice, figure bien la Vierge Marie, dont l'élévation a quelque chose de vraiment divin. Or, qu'ai-je fait, moi, pour exalter et glorifier ma céleste Reine? Ai-je célébré ses fêtes avec la dévotion convenable? Me suis-je acquitté avec ferveur et assiduité des pratiques de piété qui vont à son honneur? Si j'ai à me réformer sur ce point, je promettrai sincèrement à Marie de le faire.

2. **Raisons de cette ressemblance.** — Marie, sœur de Moyse, chante l'hymne de la délivrance de la servitude d'Égypte, et Marie, mère de Jésus, chante son divin *Magnificat.* Celle-là, par son exemple, invite les autres femmes d'Israël à se livrer à la joie, et Marie est pour les autres femmes le parfait modèle de toutes les vertus. Toutes les deux sont vierges; l'une est prophétesse, l'autre la Reine des prophètes. « Dans l'Ancien Testament, dit saint « Ambroise, la vierge israélite guidait le peuple « dans le passage de la mer : dans le nouveau, la « Vierge Marie, devenue mère du roi des cieux, est « choisie pour procurer le salut des hommes. »

RÉFLEXION. — Pour ma part, je ne dois rien souhaiter plus vivement que d'avoir Marie pour guide et d'être aidé par elle à effectuer heureusement, par une sainte mort, le passage de cette vie à l'éternité.

Alors, là-haut, dans la terre promise du paradis, je pourrai chanter éternellement un hymne de reconnaissance. Je suivrai donc toujours la route tracée par les exemples de ma céleste Mère.

3. **Application morale.** — Le caractère de la vraie dévotion à Marie, c'est la fidélité et l'application à marcher sur les traces de cette Vierge sainte et à l'imiter dans la pratique de la vertu. Voilà la partie essentielle de cette dévotion ; tout le reste doit être considéré comme accessoire.

Réflexion. — En ce qui la concerne, Marie est fidèle à me servir de guide sur la mer de ce monde, par les saints exemples qu'elle m'a donnés de toutes les vertus. Le malheur est que je la perds facilement de vue et, au lieu de la suivre, je m'abandonne à l'impulsion de mes passions. Et qui sait combien peu il s'en faut encore peut-être pour que mon sort soit fixé, et que je sois destiné à être bienheureux au ciel avec Marie, ou damné dans l'enfer avec les démons ? A quoi veux-je me résoudre ?

COLLOQUE

O Marie, si le monde vous avait connue dès votre enfance, il aurait pu comprendre le sens de vos vagissements, et il les eût écoutés avec plus de joie qu'aucun hymne de triomphe ; car, en entendant cette voix enfantine, il eût appris qu'elle venait enfin de paraître sur la terre celle qui devait l'affranchir de l'esclavage du démon. Pour moi, ô Marie, je vous reconnais avec bonheur comme notre libératrice, et je remercie Dieu de vouloir bien par vous, si je suis fidèle à vous suivre dans les voies de la sainteté, me faire traverser sain et sauf la mer orageuse de cette vie et arriver au port de la bienheureuse éternité.

O très aimable Marie Enfant, aidé de votre secours, j'ai l'espérance d'être enfin délivré de mes ennemis et de pouvoir chanter avec vous : « Il a renversé les « grands de leur trône et exalté les humbles : « *Deposuit potentes de sede et exaltavit humiles.* » Ainsi soit-il.

PRATIQUE

Faire un peu de méditation sur un des mystères de la vie de la Très Sainte Vierge.

ASPIRATION

Regina confessorum, ora pro nobis.

Reine des confesseurs, faites que ma vie rende gloire à notre sainte foi.

23e Exemple

Guérison miraculeuse d'une religieuse converse, dévote à Marie Enfant.

Nul n'en peut douter : Marie, mère de la grâce, obtient de Dieu des faveurs de tous genres à ceux qui ont recours à elle ; cependant ce sont surtout celles de l'ordre temporel que mentionne l'histoire. Assurément les grâces accordées dans l'ordre spirituel sont en très grand nombre ; mais, étant tout intérieures, elles demeurent plus facilement le secret de ceux qui les reçoivent. Par ailleurs, le commun des lecteurs trouve plus d'attrait au récit des faits sensibles. Tels sont les motifs pour lesquels, dans le catalogue des prodiges dus à l'intercession de Marie Enfant, on conserve surtout la relation des grâces temporelles. Voici donc une autre guérison opérée, au moyen de la dévotion à la *Santissima Bambina*, en faveur d'une Sœur converse du couvent des Dames anglaises établi à Darjeeling, dans l'Himalaya :

Depuis longtemps déjà, cette religieuse était atteinte de la spinite. Les douleurs très aiguës qu'elle éprouvait dans l'épine dorsale et aux genoux, l'empêchaient de marcher et de se tenir debout sans appui ; pour aller d'un lieu à un autre, elle était réduite à se trainer en rampant. Une personne dévote à Marie Enfant lui remit un jour une médaille de la *Santissima Bambina*. A cette vue, la malade se sentit l'âme inondée d'une joie inconnue, jointe à une confiance d'être bientôt guérie par l'intercession de cette douce Vierge, et rendue ainsi plus utile à sa Communauté.

Sans tarder, elle commença avec beaucoup de ferveur une neuvaine de prières à Marie Enfant. Les premiers jours, la Sainte Vierge voulut mettre sa foi à l'épreuve ; le mal s'aggrava même à ce point que, dans l'excès de la souffrance, la pauvre Sœur ne pouvait plus prononcer une parole. Bien loin de perdre courage, elle prit alors la médaille bénite et la posa sur sa poitrine ; à l'instant même, elle recouvra la voix. Elle se la plaça ensuite sur l'estomac, puis sur les genoux. A ce contact sacré, elle se sentit inspirée de se lever ; aussitôt elle se dressa seule et se tint debout sans l'aide de personne. Soutenue par deux religieuses, elle voulut essayer de faire quelques pas, et, peu d'instants après, laissant tout appui, elle se mit à marcher seule et librement, à la stupéfaction et à la grande joie de celles qui furent témoins d'un fait si merveilleux. Par suite de cette guérison miraculeuse et inattendue, la dévotion à Marie Enfant commença, on le comprend, à jeter de profondes racines sur ces hautes montagnes de l'Asie, ce qui fait espérer pour ces chrétientés lointaines une moisson abondante en fruits de salut.

Vingt-quatrième Jour

MARIE FIGURÉE PAR RAHAB DE JÉRICHO

Memor ero Rahab.
Je me souviendrai de Rahab (Ps. LXXXVI, 4).

1. **Rahab de Jéricho, figure de Marie.** — Dans le psaume LXXXVI, que nous venons de mentionner, la cité de Dieu, c'est-à-dire Jérusalem, représente allégoriquement la sainte Église ; il en est de même de Rahab. Et puisque l'Église applique d'une manière mystique à Marie, en qui elle est comme résumée tout entière, les figures sous lesquelles les Livres sacrés la symbolisent elle-même, nous pouvons, selon le sentiment du cardinal Hugues, voir aussi en la célèbre Rahab une figure de Marie.

RÉFLEXION. — Rahab signifie *dilatée*. Or, par son nom, par sa puissance, par sa protection, la Mère de Dieu est vraiment dilatée, et ne peut l'être davantage. Partout où se trouve un chrétien, Marie est invoquée ; le Créateur ayant voulu lui être soumis sur la terre, toutes les créatures lui obéissent comme à leur reine. Et moi, ai-je su en pratique reconnaître Marie pour ma souveraine ? ou plutôt n'abusè-je pas trop souvent de ma liberté pour secouer l'aimable joug de son gouvernement ?

2. **Rapports entre Rahab et Marie.** — Rahab crut au

Dieu des Hébreux et pourvut à la sécurité des deux explorateurs envoyés par Josué ; par là elle se préserva de la mort avec toute sa famille, en faisant reconnaître sa demeure aux assaillants au moyen d'un cordon rouge suspendu à la fenêtre. De même, Marie, appelée bienheureuse à cause de sa foi : « *Beata quæ* « *credidisti* (1), » donna l'hospitalité dans son sein à Celui qui devait détruire le règne de Satan, et dont la Passion, suivant saint Ambroise, était figurée par le cordon rouge de Rahab.

Réflexion. — S'il est un sujet dont la Très Sainte Vierge désire voir ses serviteurs occuper constamment leur esprit, c'est la Passion de son divin Fils. Le souvenir des souffrances endurées pour nous par Jésus-Christ, est, en effet, le moyen le plus propre à nous inspirer la crainte du péché, une sainte ardeur pour expier par la pénitence nos fautes passées, et un amour véritable pour Jésus, c'est-à-dire un amour qui vit de sacrifices.

3. **Application pratique**. — Le Fils de Dieu ne dédaigna point de compter parmi ses ancêtres Rahab la pécheresse, comme l'affirme saint Matthieu : « *Sal-* « *mon autem genuit Booz, de Rahab :* Salmon engen- « dra Booz, de Rahab (2) ; » de même il a voulu que cette femme fût la figure de sa mère. Par conséquent, l'âme de notre dévotion envers Marie doit être une grande confiance en elle, considérée comme le refuge des pauvres pécheurs.

Réflexion. — La Très Sainte Vierge, voulant

(1) Luc, I, 45.
(2) Matth., I, 5.

sauver les pécheurs, emploie pour y parvenir le moyen indiqué par Jésus, lorsqu'il compara ses apôtres à des pêcheurs attirant les poissons dans leurs filets par l'appât d'autres poissons semblables à eux. Ainsi, la vue de mes défauts et de mes péchés ne doit pas m'empêcher de travailler à attirer mon prochain dans les filets de Notre-Seigneur. Marie saura faire de moi son instrument pour gagner à Dieu des pécheurs qui me ressemblent.

COLLOQUE

O sainte Marie Enfant, vous sachant si grande devant Dieu, je n'oserais m'approcher de vous, car je reconnais combien je m'en suis rendu indigne par mes grands péchés. Mais votre âge si tendre et votre amabilité enfantine m'attirent et m'encouragent à vous parler sans crainte et avec simplicité.

Laissez-moi donc, ô céleste Enfant, vous demander une grâce, et daignez, je vous en conjure, l'implorer de Dieu en ma faveur avec une ardeur qui égale ma confiance en votre médiation. Cette grâce, la seule que je réclame de vous, est celle d'être admise au nombre de vos protégés. Je ne désire rien de plus, et cela me suffit pour être assuré de mon salut. Ainsi soit-il.

PRATIQUE

Visiter quelque malade pour l'amour de Marie.

ASPIRATION

O Marie, vous avez guéri par milliers des âmes malades : mon cœur vous découvre ses plaies.

24e Exemple

Secours donné par Marie Enfant à un petit garçon.

La *Santissima Bambina* n'est sourde aux prières de personne ; mais, on l'a remarqué, elle témoigne une prédilection particulière pour les tout petits enfants. On dirait que, vénérée et invoquée elle-même comme enfant, telle qu'elle est représentée dans la gracieuse image des Sœurs de Milan, elle a plus de sympathie pour l'âge de la pureté et de l'innocence. Si fréquentes sont, en effet, les grâces accordées par cette Vierge bénie à ces petites créatures, qu'on peut à peine en dire le nombre. Parmi ces heureux enfants, nous devons citer un petit garçon, nommé G. F., âgé de dix ans, favorisé dernièrement par la *Santissima Bambina* d'une assistance tout à fait miraculeuse.

Cet enfant s'amusait un jour avec quelques-uns de ses compagnons à je ne sais quel jeu du genre de ceux qui ont tant d'attrait pour cet âge si vif et si volage. Tout à coup un cri perçant se fait entendre au milieu des ébats de la troupe bruyante. C'était le petit G. ; portant la main à une de ses oreilles, il pleurait à chaudes larmes, répétant qu'il souffrait à en défaillir. Sa mère épouvantée accourt et lui demande la cause de son mal. L'enfant répond qu'il a un noyau de cerise dans l'oreille et que la douleur est insupportable. La mère essaya de tous les moyens pour extraire le noyau, mais inutilement ; plus on employait d'expédients, plus l'enfant criait et se lamentait à navrer le cœur de la pauvre mère. A son tour le chirurgien aux soins duquel il fut confié, usa de tous les instruments de son art, les plus propres à obtenir un résultat, mais sans plus de succès ; tous ses efforts augmentèrent plutôt les souffrances du petit patient : « Puisqu'il en « est ainsi, dit alors sa mère, je sais ce que je ferai. Voilà « plusieurs mois écoulés déjà, et les moyens de la médecine « empirent l'état de mon fils. Marie, la Santé des infirmes, se « chargera de le guérir. Oh oui ! Marie Enfant, m'accordera

« cette grâce. » Aussitôt elle commença, en l'honneur de la *Santissima Bambina*, une neuvaine de prières, à laquelle s'unirent avec toute la ferveur possible son petit malade et toutes les personnes de sa maison. On pria, en effet, de manière à faire à la Vierge Enfant une douce et irrésistible violence ; avant la fin de la neuvaine, les pieux suppliants étaient déjà exaucés. Voici comment : un matin l'enfant, toujours aussi souffrant et tellement agité qu'il passait les nuits sans sommeil, se tenait la tête inclinée sur un petit bassin pour se laver, quand tout à coup il sentit dans l'oreille un élancement si violent qu'il faillit en perdre connaissance. En même temps tomba de son oreille dans le bassin un petit corps dur comme un caillou. Il le prend, le regarde... c'était le fatal noyau, que la main charitable de Marie Enfant venait d'extraire elle-même. Une plaque commémorative placée contre un des murs du sanctuaire de la *Santissima Bambina* rappelle aux visiteurs de la petite chapelle cette grâce due à l'intercession de la Vierge au berceau. Vive Marie Enfant !

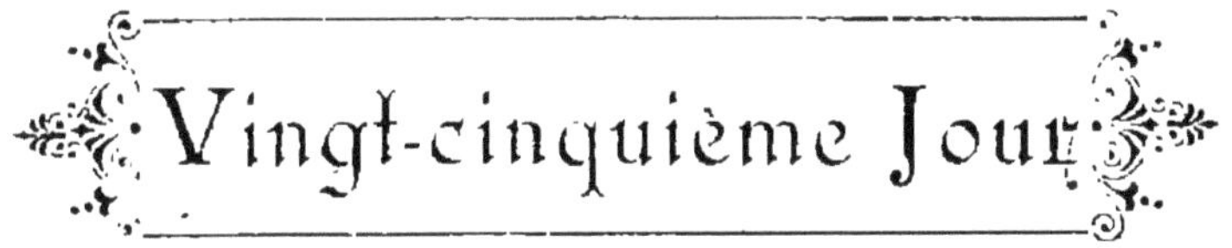

Vingt-cinquième Jour

MARIE FIGURÉE PAR DÉBORA

Erat autem Debbora prophetis... Cecineruntque Debbora et Barac dicentes...

Or, il y avait une prophétesse nommée Débora... Débora et Barac chantèrent ce cantique... (Juges, IV, 4, et V, 1).

1. **Débora, figure de Marie.** — Le nom de Débora signifie *abeille*, et les saints Pères comparent, en

effet, Marie à l'abeille. D'autre part, Cornelius a Lapide affirme que Débora a été véritablement une figure de la Très Sainte Vierge.

Réflexion. — Le nom d'abeille convient admirablement à Marie. En effet, au sens spirituel, elle a vraiment produit le miel céleste qui est Jésus, dont le nom est doux comme le miel, dont la miséricorde adoucit tous les cœurs, dont la grâce répand la suavité sur toutes les amertumes de l'esprit. En outre, Marie elle-même, par son nom, par sa tendresse maternelle, par sa protection toute d'amour, distille incessamment le miel dans l'âme de ses enfants et de ses serviteurs. Suis-je en droit de dire que je ressemble à ma céleste Mère? Mes procédés envers le prochain, au lieu d'être doux comme le miel, ne sont-ils point, au contraire, amers comme l'absinthe?

2. **Ressemblance entre Débora et Marie.** — Barac ne consentit point à marcher contre l'ennemi, sans être accompagné par Débora : de même Jésus, et, après lui, les apôtres et tous les saints, ont pris et prendront toujours pour compagne, dans leurs entreprises, Marie, mère de Jésus et reine de tous les saints. De plus, Débora, après la mort de Sisara, tué par Jahel, entonna un cantique sublime : de même, Marie, devenue mère du Vainqueur de l'enfer, a chanté son divin cantique.

Réflexion. — Si cette vie est un combat, et si je veux m'assurer le triomphe final, celui duquel dépend le cantique de la victoire, je devrai me couvrir du manteau de Marie, comme d'un bouclier impénétrable, et m'attacher à ma céleste Reine par une dévotion constante. Je ne cesserai donc pas un instant de réclamer son assistance, je ferai tout ce qu'elle m'inspirera, et ainsi je bannirai toute crainte. Combattre avec Marie, c'est être certain de la victoire et du salut.

3. **Pensée pratique**. — Pour assurer le succès de toute entreprise, il suffit de mettre sa confiance en Marie, notre douce protectrice, qui peut et veut nous assister dans tous nos besoins.

RÉFLEXION. — Marie peut nous secourir en toute occasion : c'est une vérité aussi certaine que sa qualité de mère de Dieu. Elle est disposée à le faire en effet : c'est encore une vérité tout aussi indubitable, car elle est notre vraie mère. L'essentiel est donc de la prier avec une foi vive, parce qu'elle est mère de Dieu, et de recourir à elle avec la ferme confiance d'être exaucé, parce qu'elle est notre mère.

COLLOQUE

O très gracieuse petite Marie, vos dévots serviteurs vous comparent à l'abeille, non seulement parce que vous en avez la pureté et l'activité infatigable, mais encore parce que, comme l'abeille a tout à la fois le miel et l'aiguillon, ainsi, pour ceux qui vous honorent, vous avez, malgré leurs fautes, la douceur du miel, et, pour les ennemis des âmes, vous êtes terrible comme une armée rangée en bataille. Eh bien ! aimable Petite, soyez pour moi toute douceur et toute clémence, j'en ai besoin, car je suis un grand pécheur ; mais, je vous en conjure, combattez aussi avec moi et pour moi les ennemis de mon salut, auxquels j'ai cédé tant de fois. De grâce, ô Marie, aidez-moi à leur résister, à les vaincre, à les désarmer, afin que je puisse chanter éternellement avec vous l'hymne de la victoire. Ainsi soit-il.

PRATIQUE

Porter sur soi quelque objet de piété en l'honneur de la Très Sainte Vierge.

ASPIRATION

Regina sanctorum omnium, ora pro nobis.

O vous qui êtes la reine de tous les saints, nous vous demandons avec larmes grâce et miséricorde.

25e Exemple

Marie Enfant guérit instantanément la fille d'une de ses fidèles servantes.

Les grâces corporelles ont directement pour but le bien du corps ; cependant, quand Dieu les accorde, il a toujours en vue le bien de l'âme : et c'est dans le même but que Marie Enfant intervient pour nous les obtenir. Le bienfait reçu soulage le corps, c'est vrai, mais, pour le recevoir, toujours il a fallu prier, quelquefois même longtemps et avec une ferme confiance. Une fois obtenu, ce bienfait produit nécessairement en celui qui en a été l'objet, un accroissement d'amour et de reconnaissance envers la céleste Bienfaitrice ; il opère en même temps un renouvellement de dévotion dans tous ceux qui en ont connaissance, en leur faisant comprendre toujours mieux la bonté et le pouvoir de Marie Enfant.

Voici maintenant le récit de la guérison que nous avons annoncée :

La pieuse comtesse N. N., avait une petite fille de onze ans.

Depuis trois semaines, cette enfant ne pouvait plus garder aucun aliment, si peu qu'elle prît. Tous les soins étaient inutiles, tous les remèdes impuissants. Cependant elle dépérissait à vue d'œil, et sa mère, qui l'aimait tendrement, était dans des angoisses mortelles. « Allons, dit un jour la com-« tesse à sa fille, recourons à Marie Enfant et elle nous « consolera. » L'enfant y consentit avec joie. Alors la mère et la fille commencèrent ensemble à implorer avec beaucoup de ferveur et de confiance l'intercession de la *Santissima Bambina*, et firent des prières spéciales à cette intention. Une grâce si ardemment sollicitée ne se fit pas longtemps attendre. Un soir la petite fille, qu'un jeûne si prolongé avait exténuée et anéantie, se tourne tout à coup vers la comtesse : « Maman, dit-elle, tu ne sais pas, un ange, oui un ange vient « de me dire que je suis guérie. » Et la mère hors d'elle-même : « Dieu le veuille, ma chérie, mais en attendant tu « ne peux encore prendre de nourriture.... » A quoi l'enfant répond : « Je me sens faim. C'est si vrai que j'ai envie de « manger de la viande salée ; donne-m'en, et tu verras. » La mère n'était pas encore convaincue. Cependant elle fit apporter à sa fille ce qu'elle désirait. Il était onze heures du soir. L'enfant mangea sans difficulté, assurant que ce repas lui restaurait l'estomac et qu'elle ne s'était jamais sentie si bien depuis qu'elle était au monde. En effet, elle s'endormit ensuite, et passa toute la nuit dans un sommeil tranquille ; le lendemain son estomac était en parfait état : la guérison était manifeste. La comtesse s'empressa de la conduire au sanctuaire de la Vierge Enfant, où toutes deux rendirent à Marie les plus affectueuses actions de grâces.

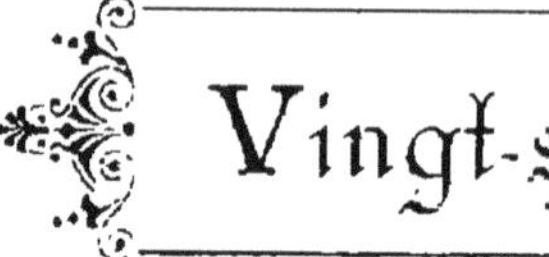

Vingt-sixième Jour

MARIE FIGURÉE PAR RUTH

Ruth... colligebat spicas post terga metentium.

Ruth recueillait les épis que les moissonneurs laissaient derrière eux (Ruth, II, 3).

1. **Ruth, figure de Marie.** — Ruth représente la Vierge Marie, comme le déclare saint Bonaventure : « *Ruth signat beatam Virginem.* »

RÉFLEXION. — Le nom de Ruth signifie d'abord *rassasiée*. Or Marie, dans l'ordre des biens spirituels et surnaturels, mérite bien ce nom de rassasiée, selon la parole de son divin Fils : « *Bienheureux « ceux qui ont faim et soif de la justice, parce qu'ils « seront rassasiés* (1). » La Très Sainte Vierge n'eut jamais d'autre désir que de plaire à Dieu, et toute son occupation fut d'accomplir de tout son pouvoir la volonté divine. Aussi s'éleva-t-elle par là à un tel degré de justice et de sainteté que nulle autre perfection, hormis celle de Dieu, ne surpasse la sienne. Quel stimulant pour moi, encore si peu avancé dans la voie de la vertu !

2. **Traits de ressemblance entre Ruth et Marie.** — « Ruth, dit saint Bonaventure, signifie aussi *qui « voit et s'empresse : videns et festinans.* » Ainsi,

(1) Matth., V, 6.

Marie voit nos misères et se montre tout empressée à nous témoigner sa maternelle miséricorde. Ruth pouvait relever les épis que les moissonneurs laissaient derrière eux : Marie sauve les âmes des pécheurs que d'autres n'ont pu convertir : « Oh ! « s'écrie notre saint docteur, véritablement grande « est la grâce de Marie, qui recueille pour la misé- « ricorde une multitude d'âmes, abandonnées comme « incorrigibles par les docteurs et les pasteurs : *O* « *vere magna Mariæ gratia, qua multi ex his ad* « *misericordiam colliguntur, qui a doctoribus et recto-* « *ribus tanquam incorrigibiles relinquuntur !* »

Réflexion. — Je dois l'avouer : à mes nombreuses imperfections, qui me rendent si peu semblable à Marie, se joignent encore deux défauts : d'abord une sorte d'aveuglement qui m'empêche de voir mes maux et d'opérer le bien, puis une lâcheté et une négligence que je porte partout et dont je suis l'esclave. J'en suis effrayé ; aussi je m'empresserai de recourir à Marie pour obtenir de me corriger.

3. **Conséquence pratique.** — Quand nous sommes tentés de désespérer de notre conversion ou de celle du prochain, recourons à Marie. Elle est la Ruth mystique qui nous fera recueillir les fruits les plus merveilleux et les plus au-dessus de notre portée. Saint Anselme va jusqu'à dire que nous sommes quelquefois plus vite exaucés par l'invocation du nom de Marie que par celle du nom adorable de Jésus : nous devons l'entendre en ce sens que Jésus le veut ainsi pour glorifier sa très sainte Mère.

Réflexion. — La plus dangereuse des tentations,

il m'est important de le retenir, est celle qui me ferait oublier ma Mère du ciel et m'empêcherait de recourir à elle. Malheur à moi si j'y succombe ! Ah ! si dans le passé j'y ai parfois cédé, quel regret ne dois-je pas en avoir !

COLLOQUE

Sans vous, ô très sainte Enfant, qu'en serait-il de moi ? ma perte serait certaine. Malgré les soins si assidus dont Dieu et ceux qui me tiennent sa place m'ont environné, ma malice me fait encore rester attaché à la terre par toutes les fibres de mon cœur ; par là je suis toujours en danger d'échapper aux mains de ce Dieu miséricordieux, qui veut pourtant mon salut et ma sanctification, et je m'expose à tomber entre celles d'un Dieu juste et sévère, qui me jettera comme une herbe inutile dans les flammes dévorantes de l'enfer pour y brûler éternellement. Mais heureusement vous êtes là, ô Enfant bénie, et vous y êtes pour les pécheurs, par conséquent pour moi. Oui, vous me recueillerez à temps, vous me relèverez sans retard, et, grâce à vous, je pourrai devenir un froment choisi et me voir au nombre des élus. Ainsi soit-il.

PRATIQUE

Veiller soigneusement à ne jamais parler avantageusement de soi.

ASPIRATION

Sedes sapientiæ, ora pro nobis.

Siège mystique de la sagesse, nous vous en conjurons, conservez-nous une foi ardente.

26e Exemple

Un enfant guéri d'une très dangereuse maladie par l'intercession de Marie Enfant.

Chéri comme la prunelle de l'œil, le jeune Vincent P., de Venise, grandissait sous le regard de son père et de sa mère, dont il faisait l'unique bonheur. Seulement, la faible complexion de ce petit être faisait toujours redouter à ses bons parents qu'en grandissant il ne fût atteint de quelqu'une de ces nombreuses maladies auxquelles est exposé cet âge si frêle et si délicat. En effet, toute une complication de maux vint bientôt s'abattre sur lui, et avec une telle violence qu'en peu de temps sa vie fut mise en danger. Il n'avait rien moins qu'une pleuropneumonie double. Les pauvres parents en étaient dans une extrême consternation. Par bonheur pour eux et pour lui, ils avaient, dès sa naissance, consacré ce cher petit à la Vierge Enfant. Ce fut pour toute la famille un motif d'espérance ; en recourant à Marie Enfant, se disait-on, on le sauverait, Marie devant le considérer comme son bien et sa propriété. Les pieux parents convinrent donc de demander sa guérison à la bien-aimée *Madonnina*, et firent vœu, s'ils obtenaient cette grâce, de faire porter à l'enfant les couleurs de la Vierge, c'est-à-dire le bleu et le blanc, pendant un an, à partir du jour de son complet rétablissement. On était déjà au dernier jour du triduum de prières fait en famille à cette intention, et, ce jour-là, une messe pour le petit malade était célébrée à Milan à l'autel de la *Santissima Bambina*. Or, à l'heure même où la divine victime était offerte pour lui dans cette sainte chapelle, le petit Vincent encore étendu sur son lit de souffrance, à Venise, donnait soudain des signes évidents d'un mieux sensible. La fièvre, auparavant si ardente, commençait à se calmer pour disparaître bientôt entièrement, et, au bout de quelques jours à peine, l'enfant, qu'on avait désespéré de sauver par les moyens naturels, était délivré de tout mal et jouissait de la plus parfaite santé. Le père et la mère ne pouvaient se lasser d'en remercier Marie Enfant. Pendant une année entière, ce fut un plaisir et une consolation tout ensemble, de voir le petit Vincent, plein de vie, se montrer à tous avec une certaine fierté angélique, paré des couleurs de Marie, comme un monument vivant et animé de la bonté et de la puissance de la Vierge Enfant.

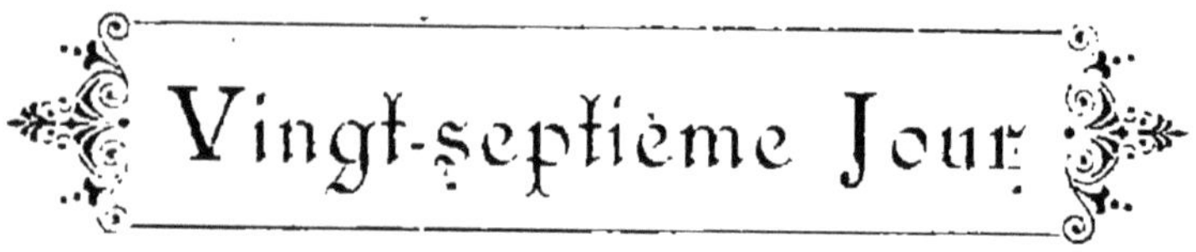

Vingt-septième Jour

MARIE FIGURÉE PAR JUDITH

Dixit Judith : ... Laudate Dominum Deum nostrum, qui non deseruit sperantes in se. Et in me ancilla sua adimplevit misericordiam suam.

Et Judith dit : ... Louez le Seigneur notre Dieu : il n'a point abandonné ceux qui ont espéré en lui, et, par moi sa servante, il a fait éclater sa miséricorde (Judith, XIII, 17-18).

1. **Judith, figure de Marie.** — « Marie, dit saint « Bonaventure, a été bien représentée par Judith, cette « femme dont le nom est si célèbre : *Maria optime « signata est per illam famosissimi nominis fœminam, « Judith.* »

Réflexion. — Le nom de Judith signifie *qui loue Dieu*, et, pour ce motif, Judith peut déjà être considérée comme une parfaite figure de Marie. Nous sommes, en effet, autorisés à le croire, Marie, depuis sa conception immaculée, a toujours loué le Seigneur ; mais sa louange revêtit un caractère plus sublime encore depuis le moment où elle devint mère de Jésus. Son cantique *Magnificat* devait être pour elle comme une mélodie continuelle par laquelle elle charmait le cœur du Verbe incarné. Et moi, jusqu'à présent ai-je imité Marie comme j'y étais obligé ? Tout devrait m'exciter à louer le Seigneur ; mais, au milieu de cet univers, immense concert de voix qui s'unissent pour bénir le Très-Haut, ne reste-je point muet et indifférent peut-être pendant un temps considérable, ou, si quelquefois je loue Dieu, mon cœur ne demeure-t-il point étranger à ce qu'expriment mes lèvres ? Combien j'ai besoin de mieux faire à l'avenir !

2. **Comment Judith a été la figure de Marie.** — Judith a été la figure de Marie d'abord par sa chasteté, louée en ces termes par le grand-prêtre et par le peuple : « *Vous avez déployé un courage viril et vous avez eu* « *un cœur ferme, parce que vous avez aimé la chas-* « *teté* (1). » Or, Marie fut un vrai prodige de chasteté. Par suite, elle fut un prodige de force et de courage, et, de même que Judith, en coupant la tête à Holopherne, délivra Béthulie des Assyriens qui l'assiégeaient, de même Marie, en écrasant la tête du serpent infernal, fut la libératrice du monde entier.

Réflexion. — Pour imiter Marie, il ne doit pas me suffire de ne point obéir à mes passions, mais je dois, en outre, m'efforcer de leur couper la tête, c'est-à-dire travailler de tout mon pouvoir à mortifier celle qui domine toutes les autres ; le plus souvent cette passion est l'orgueil.

(1) Judith, XV, 11.

3. **Application pratique.** — Le démon est l'ennemi né de Marie, qui est destinée par Dieu à le combattre et à le vaincre. non seulement pour son avantage personnel, mais encore pour le nôtre. Donc, un moyen assuré pour triompher des tentations, c'est le recours à Marie.

Réflexion. — Pour résister aux tentations, il ne devra pas me suffire d'invoquer le nom de Marie, si terrible à l'enfer ; je ferai plus encore : afin de prévenir les assauts de l'ennemi, je renouvellerai souvent cette salutaire invocation, et par là je me rendrai en même temps plus facile la pratique de la vertu.

COLLOQUE

Quand je me rappelle, ô très sainte petite Marie, l'action éclatante de Judith tranchant la tête à Holopherne et délivrant ainsi ses concitoyens de la servitude et d'une ruine entière, je me sens pressé de louer le Dieu tout-puissant, qui, par la main d'une faible femme, a fait une œuvre si merveilleuse. Mais j'exalte bien plus encore cette puissance infinie de Dieu lorsque je pense qu'il a voulu se servir de vous, ô Marie, pour arracher à l'esclavage du tyran infernal l'humanité tout entière asservie à son empire. Ah ! qu'il est vrai de dire : *« Fecit tibi magna qui potens « est ... fecit potentiam in brachio suo ! »*

Louange donc et bénédiction au Seigneur ! Mais vous, ô bien-aimée Petite, je vous prie et vous conjure de me retenir sur la pente du péché, qui aboutit à l'esclavage du démon. Il vous suffit pour cela de me tenir à l'abri sous le bouclier de votre protection. Ainsi soit-il.

PRATIQUE

Dès qu'on est tenté, implorer aussitôt le secours de Marie.

ASPIRATION

Sancta Virgo virginum, ora pro nobis.

O vous, la Vierge des vierges, rendez mes affections chaque jour plus pures.

27e Exemple

Guérison d'un horrible mal obtenue par l'intercession de Marie Enfant.

Depuis longtemps déjà une excellente femme ressentait aux narines de vives douleurs. Ce qu'elle redoutait devint bientôt une réalité : ce mal n'était autre qu'un affreux cancer se développant progressivement. Malgré toute la patience et la résignation de la malade, la nature de son mal et la vivacité de la douleur, qui ne lui laissait pas un instant de repos, la mettaient dans un état à faire pitié à tous. Parmi les personnes qui, de temps en temps, venaient la visiter pour la consoler, se trouvait une de ses amies, dont le cœur était rempli de charité et de solide piété. Cette dame, apprenant de la malade l'inutilité des remèdes non moins douloureux que variés employés pour la guérir : « Eh bien ! lui « dit-elle, puisqu'il en est ainsi, c'est un signe qu'il faut faire « usage des remèdes surnaturels, et recourir à la prière, plus « puissante que tous les remèdes naturels. » — « Et qui « devrai-je prier ? répondit la pauvre malade. » — « Mon « cœur me dit, repartit son amie, que si nous confions votre « guérison à Marie Enfant, nos vœux seront exaucés. » La malade eut à peine entendu prononcer le nom de Marie

Enfant qu'elle sentit naître en son âme une douce espérance d'être guérie. Les deux amies commencèrent immédiatement une fervente neuvaine à la *Santissima Bambina*, et en même temps elles se procurèrent un peu de coton bénit par le contact de la sainte image, afin de l'appliquer sur le mal. Quand la malade eut reçu un flocon de ce précieux coton, elle pressentit qu'il était le remède souverain destiné à la guérir. Se recueillant alors un instant, elle prononça du fond du cœur ces paroles : « O Marie Enfant, guérissez-moi, s'il vous plaît. » Puis, avec une grande foi, elle posa et pressa le coton sur son mal, en répétant tout émue la même prière. Un moment après, avec l'impression d'une personne qui se sent guérie, elle enleva le coton. Non-seulement le cancer s'était arrêté subitement, mais il avait entièrement disparu, sans même laisser l'ombre d'une cicatrice qui rappelât l'horrible mal. Au pieux lecteur de juger de la joie et de la reconnaissance excitées, par une si merveilleuse guérison, dans le cœur de celle qui en était l'objet.

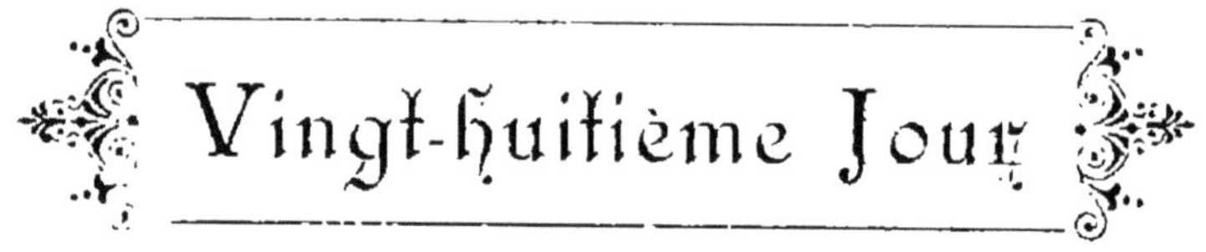

MARIE FIGURÉE PAR ESTHER

Adamavit eam rex plus quam omnes mulieres, habuitque gratiam et misericordiam coram eo super omnes mulieres.

Le roi (Assuérus) aima Esther plus que toutes ses autres femmes, et elle trouva grâce et faveur devant lui au-dessus de toutes (Esther, II, 17).

1. **Esther, figure de Marie.** — Saint Bonaventure reconnaît en Esther cette ressemblance avec Marie,

quand il dit : « La Souveraine des anges et des « hommes est figurée par la reine Esther : *Domina* « *angelorum et hominum designatur in Esther regina.* »

Réflexion. — Esther signifie *cachée*. Or Marie, considérée dans toute la suite de sa vie sur la terre, peut être appelée à juste titre l'âme cachée par excellence. Sa vie, en effet, fut entièrement ignorée du monde, et les Évangélistes eux-mêmes n'en parlent qu'avec une brièveté mystérieuse. C'est qu'il convenait que la Mère du Dieu *véritablement caché* l'imitât jusqu'à l'héroïsme dans sa vie cachée et inconnue aux hommes. Mais à cette obscurité devait succéder pour elle une glorification qu'on pourrait dire presque divine, après sa triomphante assomption. Heureux serai-je, moi aussi, si je sais vivre inconnu au monde et uniquement occupé à louer Dieu.

2. **Traits de ressemblance entre Esther et Marie.** — La reine Esther plut au roi Assuérus, plus que toutes les autres femmes, et fut si agréable à ses yeux qu'il lui promit la moitié de son royaume, et la révocation du décret ordonnant la destruction du peuple juif. De même Marie, à qui l'ange adressa ces paroles : « *Vous avez trouvé grâce devant le Seigneur* (1), » a été établie par Dieu corédemptrice du monde, reine du ciel et de la terre, et dispensatrice de sa miséricorde infinie.

Réflexion. — La beauté véritable, c'est la beauté divine. Marie fut divinement belle, non seulement dans son corps, chef-d'œuvre du Dieu qui l'avait choisie pour mère, mais aussi et bien plus encore

(1) Luc, I, 30.

dans son âme, toute remplie de grâce, de dons célestes et de sainteté. Celui dont l'âme est belle, est assuré d'être aimé de Dieu et de faire ses délices. O vanité du monde, qui n'estime que la beauté matérielle ! Puissé-je ne jamais tomber dans une telle illusion !

3. **Pensée morale.** — Voulons-nous que Marie nous fasse participer aux effets de la miséricorde divine ? imitons-la en étant miséricordieux envers les autres : « Bienheureux les miséricordieux, parce qu'ils obtien-« dront eux-mêmes miséricorde : *Beati misericordes,* « *quoniam ipsi misericordiam consequentur* (1). »

Réflexion. — L'amour de miséricorde et de compassion le plus excellent, et qui révèle une vraie charité envers le prochain, c'est celui qu'on pratique en compatissant aux peines des autres, quand leurs défauts peuvent leur occasionner des désagréments et surtout leur faire perdre l'estime et la bienveillance. Je m'appliquerai donc de toutes mes forces à faire régner cet amour dans mon cœur.

COLLOQUE

O Marie, quand je vous contemple au ciel, assise à la droite de votre divin Fils sur le trône auguste de votre gloire, et investie de cette majesté ineffable qui convient à la Reine du ciel et de la terre, j'éprouve un sentiment de souverain respect et en même temps de vive confiance, car, si vous êtes reine, vous êtes aussi notre avocate et le refuge

(1) Matth., V. 7.

des pécheurs. Mais lorsque ensuite je vous considère comme une toute petite enfant, telle que vous l'étiez aux premiers jours de votre vie mortelle, ce que je ressens est plus que du respect, et je suis doucement pressé d'en user envers vous avec tout l'abandon dont mon cœur est capable. Et alors, si je le pouvais, de combien de baisers ardents et pleins d'amour je couvrirais votre gracieux visage ! Quelles caresses je vous prodiguerais ! Comme je vous embrasserais et vous serrerais étroitement sur mon cœur ! Cependant la foi, me découvrant sous ces dehors de l'enfance celle qui doit un jour être la mère de mon Dieu, vient arrêter mon élan, et me dire de me regarder comme indigne même de baiser le berceau où vous reposez et les langes qui vous enveloppent. Au milieu de ces sentiments différents, l'amour dont je suis enflammé pour vous veut se faire une issue, et force ma langue à vous répéter et à vous protester que je vous aime, ô très aimable Petite, que je veux vous aimer toujours davantage, et vous aimer toute l'éternité. Ainsi soit-il.

PRATIQUE

Faire souvent des actes d'amour envers Marie.

ASPIRATION

Mater amabilis, ora pro nobis.

O Mère aimable, Mère tendre et clémente, je vous donne mon âme.

28e Exemple

Marie Enfant console une mère qui la prie.

Les grâces sont accordées à ceux qui prient avec dévotion et avec foi. Et parce que c'est un fait reconnu que, chez les femmes chrétiennes, la prière réunit plus souvent ces deux conditions, il n'y a pas lieu de s'étonner que, plus souvent aussi, elles trouvent place dans les exemples de grâces reçues que nous relatons ici. Celui que nous allons citer est encore une faveur obtenue par une mère au profit de sa jeune enfant.

Dans une ville de Lombardie, une femme dont les traits altérés annonçaient une grande douleur, se présenta à son curé afin de savoir de lui quelle pratique de dévotion elle devait faire pour obtenir une grâce à sa petite fille : « Si « vous la voyiez, disait-elle, cette pauvre enfant ; elle est « pleine de santé et belle comme un petit ange ; seulement, « alors qu'à son âge les autres enfants balbutient déjà depuis « longtemps quelques mots, ma petite continue à être com- « plètement muette. Elle aura bientôt deux ans, et je n'ai pu « l'entendre dire encore *maman* ou *papa*. Mon Dieu, quel « malheur ! » Et, en achevant ces mots, la mère tout émue se mit à pleurer. « Ne vous chagrinez pas, ma brave femme, lui « répondit le curé ; je connais un remède qui peut guérir même « les enfants muets : c'est de prier la *Santissima Bambina*. « Tenez, prenez ceci. » Et en même temps il lui présenta une médaille de Marie Enfant. « Suspendez cette médaille au cou « de votre petite, ajouta-t-il, recommandez sa guérison avec « grande confiance à Marie, et vous verrez que, par son « intercession, le bon Dieu vous consolera. » Encouragée par ces bienveillantes et saintes paroles, la bonne mère se retira, résolue à commencer sans délai une neuvaine à la Vierge Enfant. Jusqu'à la fin de cette neuvaine, sa ferveur alla toujours croissant. Le dernier jour arrivé, elle venait d'achever son pieux exercice, lorsqu'elle entendit soudain sa petite fille l'appelant de la chambre où elle était couchée, et prononçant distinctement le mot *maman*. Hors d'elle-même, la pauvre femme accourut, ne se possédant pas de joie, et de nouveau, à plusieurs reprises, l'enfant répéta : « *Maman, maman*, » au milieu des baisers dont la couvrait sa mère. La *Santissima Bambina* avait délié la langue de la petite fille de sa servante.

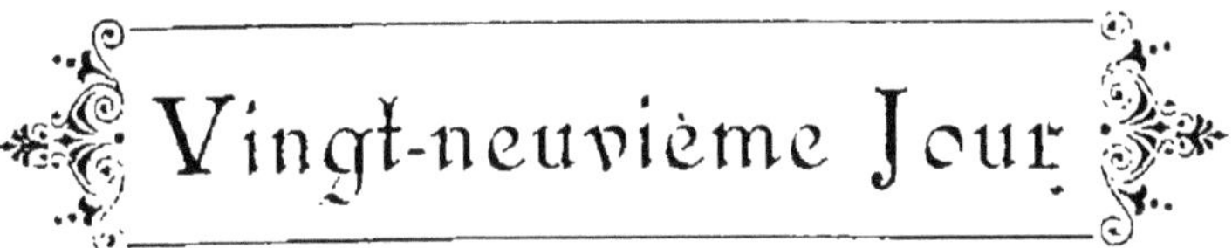

Vingt-neuvième Jour

MARIE FIGURÉE PAR L'ÉPOUSE DU CANTIQUE DES CANTIQUES

Pulchra es, amica mea, suavis et decora sicut Jerusalem, terribilis ut castrorum acies ordinata.

Vous êtes belle, ô ma bien-aimée, et pleine de douceur; vous êtes belle comme Jérusalem, et terrible comme une armée rangée en bataille (Cant., VI, 3).

1. **Marie est représentée directement par l'Épouse des SS. Cantiques.** — L'abbé Rupert et d'autres interprètes expliquent le Cantique des cantiques de Salomon dans le sens *particulier*, mais principal (comme le remarque Cornelius a Lapide), de l'amour mutuel de Jésus et de Marie. C'est aussi ce que fait la sainte Église, qui, dans le culte d'hyperdulie qu'elle rend à Marie, se plaît à tresser avec les versets de ce Cantique sacré la couronne de louanges qu'elle lui décerne.

Réflexion. — Quand on veut se former une idée, au moins vraisemblable, de l'amour réciproque de Jésus et de Marie, on doit se représenter d'un côté l'amour de tous les enfants pour leurs mères, de l'autre l'amour de toutes les mères pour leurs enfants, et, après cela, reconnaître que l'amour mutuel de Jésus et de Marie est au-dessus de toute comparaison. Pour tout dire en un mot, c'est un amour immense et sans mesure, un amour digne d'un Dieu et de la mère d'un Dieu. Et moi, malheureux pécheur, je laisse mon cœur rester encore si froid dans l'amour de Jésus et de Marie !

2. **Marie est figurée indirectement par l'Épouse des SS. Cantiques.** — Dans le sens *premier, total* et *adéquat,* le sujet du Cantique des cantiques, c'est l'amour réciproque de Jésus et de son Épouse, la sainte Église ; mais l'Église est représentée par Marie, comme la fille par sa mère. Pareillement, dans son sens *second, partiel,* le Cantique sacré nous chante l'amour de Jésus-Christ et de l'âme juste ; mais l'âme de Marie n'a-t-elle pas été formée par Jésus lui-même comme une parfaite image de la sienne, et comme le prototype de tous les élus et de tous les saints ?

Réflexion. — Quelle reconnaissance ne dois-je pas à Dieu de m'avoir fait naître dans la véritable Église ! Hélas ! sans cela je n'aurais pas appris à aimer Marie. Quel malheur c'eût été pour moi ! O Marie, Marie, je reconnais que vous méritez un culte tout particulier, et je me sens dans une vraie nécessité de vous aimer de tout mon cœur. Plutôt mourir que de ne pas aimer Marie !

3. **Conséquence pratique.** — Penser à Marie, c'est penser à l'œuvre la plus parfaite qui, parmi les pures créatures, soit jamais sortie des mains du Tout-Puissant, et ait été produite par l'amour infini de Dieu pour les hommes. La dévotion à Marie doit donc être sans mesure, comme le culte que lui décerne l'Église est incomparablement supérieur à celui qu'elle rend aux autres saints.

Réflexion. — Voici ce que je me propose de faire à l'avenir : chaque fois que je prierai Jésus, je lui demanderai la grâce qui m'est la plus chère, celle de m'apprendre à aimer Marie d'un filial amour ; et, quand je parlerai aux hommes, je les prierai de m'aider à aimer Marie, et je ferai tous mes efforts pour que tous les cœurs soient embrasés d'un si beau, si profitable, si délicieux amour.

COLLOQUE

Anges du Paradis, et vous tous saints du ciel et de la terre, unissez-vous à moi pour louer Marie Enfant. O bien-aimée Petite, quelles louanges vous donnerai-je ? je ne sais : « *quibus te laudibus efferam?* « *nescio,* » car votre grandeur est au-dessus de toute louange. Vous êtes les délices de Dieu, qui vous aima toujours, qui vous sanctifia dès le premier instant de votre conception, qui répandit dans votre âme la plénitude de sa grâce. Soyez donc aussi toutes mes délices, ô Marie. O très belle, très gracieuse petite Marie, oui, je veux vous aimer, vous aimer toujours, vous aimer de tout mon cœur et à tout prix, parce que vous le méritez, parce que Jésus, dont je dois imiter l'exemple pour pouvoir me sauver, m'a appris à vous aimer ainsi. Je vous en conjure, ô sainte Enfant, accordez-moi de connaître toujours plus votre ineffable amabilité, afin de toujours mieux vous servir, vous louer, vous glorifier et vous aimer du plus ardent amour. Ainsi soit-il.

PRATIQUE

Visiter Marie Enfant, ou, si on ne le peut, prier quelques instants devant son image.

ASPIRATION

Regina angelorum, ora pro nobis.

Vous êtes assise dans la gloire au-dessus des anges. Je vous en supplie, ô ma Mère, obtenez-moi d'être assis à vos pieds.

29e Exemple

Deux guérisons obtenues par l'intercession de Marie Enfant.

Une personne de Milan, nommée E. R., languissait depuis six mois sur son lit, par suite d'une paralysie qui lui avait complètement enlevé l'usage des jambes. Se voyant dans cet état, absolument incapable de venir en aide à sa famille, et sans espoir de guérir, abandonnée qu'elle était des médecins, l'infortunée se laissait aller à une affliction profonde et faisait compassion à tous ceux qui venaient la voir. Nul ne pouvait parvenir à relever son courage, tant il lui semblait impossible de recouvrer jamais la santé. Il était réservé à Marie Enfant d'apporter à la pauvre paralytique une complète consolation. En effet, entendant parler des grâces signalées, parfois même miraculeuses, que la *Santissima Bambina* accordait à pleines mains à ceux qui se recommandaient à son intercession, elle songea à prendre, elle aussi, pour obtenir sa guérison, ce moyen si conforme aux sentiments de foi et de piété qui l'animaient. Elle pria donc une de ses amies de faire toucher au saint berceau de la Vierge Enfant quelques linges qu'elle lui remit. A peine les lui eut-on rapportés ainsi bénits, qu'elle les appliqua sur les parties paralysées de son corps, et aussitôt elle fut guérie.

Une autre grâce presque semblable fut accordée à une jeune femme de la province de Milan. Depuis cinq mois elle gardait le lit, retenue par une si énorme enflure des jambes, qu'il lui était impossible de faire le moindre mouvement sans des douleurs assez violentes pour occasionner des spasmes. Comme la malade dont nous avons parlé précédemment, elle recourut par la prière à la Vierge Enfant, et, s'étant procuré du coton qui avait touché au saint berceau, elle en enveloppa ses membres enflés et continua à se recommander assidûment à la céleste Petite pendant neuf jours. Ce temps écoulé, toute l'enflure disparut comme par enchantement, la malade se trouva complètement guérie, et ses forces étaient si bien revenues qu'elle voulut consacrer ses premiers pas à se rendre à la chapelle de Marie Enfant, en action de grâces de la faveur qu'elle venait de recevoir.

Trentième Jour

MARIE FIGURÉE PAR LA FEMME DE L'APOCALYPSE

Signum magnum apparuit in cœlo : mulier amicta sole, et luna sub pedibus ejus, et in capite ejus corona stellarum duodecim.

Un grand signe apparut dans le ciel : c'était une femme

revêtue du soleil, ayant la lune sous ses pieds, et sur la tête une couronne de douze étoiles (Apoc., XII, 1).

1. **La femme de l'Apocalypse, figure de Marie.** — Saint Ambroise, saint Augustin, saint Bernard et plusieurs autres docteurs voient, dans cette mystérieuse femme, une admirable figure de la Très Sainte Vierge.

Réflexion. — Dieu, voulant manifester aux hommes sa miséricorde préférablement à sa justice, choisit parmi les pures créatures le sexe le plus faible, la femme, et, ayant formé Marie, il l'éleva si haut, l'orna de dons si sublimes et si rares, et la fit participer à ses divines perfections dans un degré tel, qu'elle ne saurait elle-même comprendre sa grandeur. Je puis donc prendre courage au milieu de mes misères, en pensant que, malgré cela et même précisément à cause de cela, le Dieu de miséricorde voudra bien faire éclater en moi sa miséricorde infinie.

2. **Raisons de cette ressemblance.** — C'est chose certaine : dans la femme de l'Apocalypse, tous les saints Pères reconnaissent l'Église. Mais, dans un certain sens, l'Église, c'est Marie : car la sainte Église est, pour ainsi dire, résumée tout entière en Marie, en tant que Marie est mère de Jésus, chef divin de l'Église et de tous les membres qui la composent. Comme l'Église, Marie est revêtue du soleil, c'est-à-dire de Jésus-Christ, qui l'investit entièrement et l'orne de son esprit, de ses vertus et des dons de sa grâce. Comme l'Église, Marie a sous ses pieds la lune, c'est-à-dire, selon l'explication de saint Gré-

goire, toutes les choses terrestres et instables, qu'elle méprisa, et dont elle se servit, comme d'un marchepied, pour arriver à la possession des biens immuables et éternels. Enfin, douze étoiles, représentant les douze apôtres, lui forment une couronne, car, après avoir reçu le Saint-Esprit, au jour où il descendit en même temps sur Marie et sur eux, les apôtres travaillèrent à étendre le royaume dont Jésus est le roi et Marie la reine.

Réflexion. — Quelle consolation n'est-ce pas pour moi de savoir que j'appartiens à cette sainte Église représentée par Jésus comme chef, et par Marie comme mère de tous les membres de ce corps mystique ! Je me garderai donc d'être dans l'Église comme un membre gangrené et difforme, m'efforçant au contraire de travailler à me perfectionner chaque jour davantage dans la pratique des vertus.

3. **Pensée morale**. — Puisque Marie représente l'Église, la dévotion à Marie est conséquemment une des marques les plus évidentes, les plus indubitables qu'on appartient à la véritable Église militante, et un des signes les plus certains qu'on est prédestiné à faire un jour partie de l'Église triomphante dans le Paradis.

Réflexion. — Serai-je sauvé ? Telle est la préoccupation qui, de temps en temps, vient m'assaillir et remplir mon cœur de perplexité. Qu'ai-je à répondre? Je ferai tout mon possible pour honorer, servir et aimer Marie, et j'aurai ainsi l'assurance de mon salut éternel. Oui, la dévotion à Marie est la marque des prédestinés.

COLLOQUE

O la douce et consolante pensée que celle-ci, ô Marie ! En vous voyant, Dieu voyait et il voit encore toute l'Église, particulièrement toute la famille de ses élus. En vous, en effet, il voyait et voit encore la mère de tous les fidèles, la reine de tous les saints, en votre qualité de mère de Jésus, de mère de la grâce et de la miséricorde. Je dois donc, ô très sainte et très aimable Enfant, faire tous mes efforts pour me tenir uni à vous, pour m'attacher à vous, vous servir, vous aimer et vous imiter. Malheur à moi si vous n'accueilliez sous vous votre égide maternelle les imparfaits et les pauvres pécheurs ! Je serais perdu ; le Seigneur ne me reconnaîtrait plus pour un des siens ; Jésus me rejetterait comme un étranger, et c'en serait fait de moi. Mais vous, ô céleste Petite, j'en ai l'assurance, vous me protégerez et me reconnaîtrez pour vôtre, malgré ma misère, pourvu que je désire me corriger et devenir meilleur. Oui, ô Marie, je le désire, et je l'espère de votre toute-puissante intercession, car vous êtes la *Mère du bel amour, de la crainte, de la science et de la sainte espérance* (1). Ainsi soit-il.

PRATIQUE

Demander pardon à Marie des fautes commises pendant ce mois qui s'achève.

(1) Eccli., XXIV, 24.

ASPIRATION

Regina martyrum, ora pro nobis.

Vous qui êtes la reine des martyrs, donnez-moi la force dans les maux qui m'arrivent.

30e Exemple

Deux grâces merveilleuses obtenues par la dévotion à Marie Enfant.

Une excellente femme se voyait dans l'impossibilité de se servir de son pied gauche, à cause d'une vive douleur qu'elle ressentait au talon. S'étant présentée au chirurgien du grand hôpital de Milan, celui-ci, après un examen attentif, lui déclara que le traitement serait long et douloureux. En attendant, il ordonna à la pauvre estropiée d'appliquer pendant quarante-huit heures un vésicatoire énergique sur la partie malade, de revenir ensuite se faire visiter, et là il verrait, par l'effet du vésicatoire, quels remèdes employer. Une des parentes de l'infirme lui mit donc le vésicatoire, mais en même temps elle plaça par dessus un peu de coton bénit par le contact de l'image miraculeuse de la *Santissima Bambina*, en exhortant la patiente à se recommander avec foi à Marie. La malade ne tarda pas à s'endormir et reposa tranquillement toute la nuit. Le lendemain matin, voulant se lever, elle prenait, comme d'habitude, de grandes précautions pour ne pas se faire mal au talon en le heurtant par mégarde, et elle n'osait se décider à poser le pied par terre, alors surtout qu'elle était sous l'action du douloureux médicament. Pourtant elle ne sentait plus aucune douleur, et il lui semblait être guérie. « O chère petite Madone, dit-elle, serais-je donc guérie ! « Essayons. » Tout doucement d'abord, elle pose le pied sur le pavé ; elle l'appuie ensuite davantage, le talon surtout, mais elle n'éprouve aucun mal. « Il n'y a pas de doute, s'écrie « l'heureuse femme, mon mal a disparu ; Marie Enfant m'a « guérie. » Et en effet, ayant enlevé l'emplâtre, on trouva le vésicatoire encore intact : la guérison était visiblement due tout entière au coton bénit de Marie Enfant.

Voici une autre grâce obtenue par l'intercession de la *Santissima Bambina* :

Le jour de la Nativité de la Très Sainte Vierge, en 1886, venait au monde, à Trévise, une enfant qui reçut ensuite au baptême le nom de *Maria Bambina,* car on attribuait son heureuse naissance à la Vierge Enfant, à qui sa mère s'était recommandée. La pauvre femme s'était vue à toute extrémité à la naissance de ses deux premiers enfants, et les avait perdus en leur donnant le jour. Ce troisième accouchement s'annonçait dans des conditions encore plus alarmantes, et néanmoins Marie Enfant ne se contenta pas de sauver la mère, mais elle préserva l'enfant de tout accident. Aussi, en régénérant cette petite dans les eaux du baptême, voulut-on imprimer sur elle, pour ainsi dire, le souvenir de la faveur obtenue, en lui donnant, comme nous l'avons dit, le nom de *Maria Bambina.*

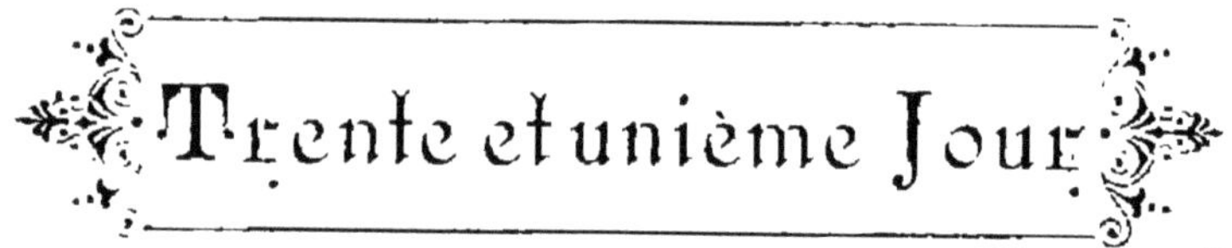

Trente et unième Jour

MARIE FIGURÉE PAR L'AURORE, LA LUNE, ET LE SOLEIL

Quæ est ista quæ progreditur quasi aurora consurgens, pulchra ut luna, electa ut sol... ?

Quelle est celle-ci qui s'avance comme l'aurore naissante, belle comme la lune, éclatante comme le soleil ? (Cant., VI, 9).

1. **L'aurore représente Marie.** — Avant la naissance

de cette bienheureuse Enfant, le monde, semblable à la terre durant la nuit, était enseveli dans l'obscurité et les ténèbres. L'erreur, le péché, la misère tenaient le genre humain comme accablé d'un sommeil léthargique et mortel. Marie Enfant, messagère du soleil de la grâce, éclaira le monde et fit naître la joie dans les cœurs, « *gaudium annuntiavit universo mundo.* »

RÉFLEXION. — Quand la dévotion à Marie commence à entrer dans une âme, si pécheresse soit-elle, au même moment commencent aussi pour cette âme l'œuvre de la miséricorde et l'espérance de la conversion et du salut. Si donc cette sainte dévotion avait, au contraire, subi en moi quelque affaiblissement, quel signe serait-ce ? un signe funeste. Je verrais par là que mon âme court à sa ruine et à sa perte. Aussi veux-je conjurer Marie de ne jamais permettre pour moi un tel malheur.

2. **Marie est figurée, en second lieu, par la lune.** — La lune préside à la nuit, et vient en aide aux voyageurs en leur montrant, par sa douce clarté, où poser le pied sur la route, et en leur faisant apercevoir les précipices, ou encore en leur permettant de se défendre des voleurs. De même, la Très Sainte Vierge vient au secours des pauvres pécheurs, en leur obtenant la grâce de voir l'abîme vers lequel ils marchent, et de revenir dans le chemin du Paradis, qu'ils avaient abandonné ; elle leur découvre les embûches des mondains, leurs ennemis visibles, et des démons, leurs ennemis invisibles, afin qu'ils s'en écartent, se défient de leurs trahisons, et sauvent leurs âmes.

Réflexion. — Marie, nous venons de le voir, est bien représentée par la lune. Heureux serais-je si, au milieu de mes égarements et des ténèbres de ma vie pécheresse, j'avais suivi les lumières, les inspirations et les secours spirituels de tous genres que cette lune resplendissante de Dieu est venue m'apporter. Mais hélas ! il n'en a pas toujours été ainsi. Et pourquoi ? parce que, pour ma part, imitant la lune qui paraît et disparaît et dont l'aspect change continuellement, j'ai agi comme un insensé : « *Stultus ut luna mutatur* (1). » Mon inconstance dans le service de Marie m'a bien des fois mis en danger de devenir la proie de mes ennemis, et d'être entraîné par eux dans les feux éternels. Aidé du secours de Dieu et de la protection de la Très Sainte Vierge, je promets sincèrement de changer de conduite.

3. **Marie est belle et radieuse comme le soleil.** — 1° Par sa maternité, elle participe à la dignité du soleil divin, c'est-à-dire de Dieu : de Dieu le Père, dont le Fils Jésus est aussi le sien ; de Dieu le Fils, qui a voulu naître d'elle et lui être soumis ; de Dieu le Saint-Esprit, avec qui elle a coopéré à l'incarnation du Verbe. 2° Par la plénitude de la grâce qui est en elle, par sa sainteté suréminente, par sa gloire incomparable, Marie resplendit, comme le soleil, d'un éclat qui fait pâlir celui de tous les autres astres, c'est-à-dire de tous les saints.

Réflexion. — Si j'aime véritablement Marie, je dois louer Dieu de l'avoir faite si grande, me réjouir

(1) Eccli., XXVII, 12.

de son élévation et de sa félicité, comme si ces avantages étaient mon propre bien, enfin me sentir pressé de la bénir, de l'honorer et de l'exalter sans cesse, dans un désir ardent de la voir connue, servie, aimée et glorifiée de tous.

COLLOQUE

Aimable petite Marie, quel est celui qui, connaissant vos gloires futures, pourrait résister au besoin de vous témoigner sa vénération, même en vous voyant emmaillottée de langes, incapable de vous aider vous-même, et sujette à toutes les nécessités? Mais, par ailleurs, si puissants sont vos attraits, qu'on se sent doucement pressé de s'approcher de vous avec cet abandon et cette confiance qu'inspire une tendre enfant. Laissez-moi donc, ô Marie, vous exprimer ma profonde admiration, comme à la Reine future de tous les saints; laissez-moi, en même temps, cédant à l'amour qui me transporte, déposer un baiser tout brûlant sur votre berceau, et vous dire de cœur et de bouche : « O Marie Enfant, « faites de moi un saint. Régnez dès maintenant « sur mon cœur, afin que je puisse vous louer et « vous glorifier éternellement. Ainsi soit-il. »

PRATIQUE

Réciter avec beaucoup de dévotion ses prières journalières à Marie.

ASPIRATION

Regina Sanctorum omnium, ora pro nobis.

Aimable Reine de tous les saints, douce Enfant, conduisez-moi au ciel.

31e Exemple

Toute une série de grâces obtenues par la dévotion à Marie Enfant.

Un prêtre de Milan, pénétré d'une dévotion toute particulière pour Marie Enfant, est en mesure d'attester avoir reçu un nombre incalculable de grâces depuis le jour où il se sentit attiré vers elle par les célestes charmes du visage de la *Santissima Bambina* vénérée chez les Sœurs de la Charité. Tantôt une inquiétude lui tourmentait l'esprit, et la Vierge Enfant, à sa prière, l'en délivrait avec une suavité surhumaine. Tantôt, de graves difficultés surgissant dans l'exercice de son ministère, il recourait à Marie Enfant et en recevait toujours une puissante assistance. D'autres fois les obstacles venaient à l'envi s'opposer aux projets qu'il formait pour honorer sa céleste Bienfaitrice ; la peine où il se trouvait le conduisait aux pieds de la sainte image, afin d'y trouver le secours désiré, et jamais ce secours ne lui faisait défaut. En un mot, si ce digne prêtre voulait raconter toutes les grâces extraordinaires reçues par lui de la très aimable petite Madone, il ne pourrait y arriver. Et celle de ces grâces qu'il tient pour la plus insigne, c'est l'amour dont il est épris pour Marie Enfant, amour tel que, pour la faire aimer de tous, non seulement, lui semble-t-il, il offrirait volontiers ses fatigues et ses sueurs, mais de grand cœur il donnerait son sang et sa vie.

Dieu veuille que de tels sentiments soient le partage de tous, des prêtres surtout. Du clergé ils se répandraient facilement dans les cœurs des fidèles, et la dévotion à Marie Enfant deviendrait, entre les mains du peuple chrétien, une arme victorieuse pour briser l'orgueil des puissances infernales. Ainsi soit-il.

APPENDICE Ier

Relation de quelques-unes des guérisons et autres grâces nombreuses obtenues par l'intercession de la Très Sainte Vierge Enfant.

I

Conversion éclatante obtenue au moyen de la médaille de Marie Enfant.

Au mois d'avril 1887, dans une des principales villes d'Italie, un père de famille, âgé de 69 ans, était à l'extrémité. Né juif, et ayant toujours vécu dans le judaïsme, il avait néanmoins permis à sa femme et à ses enfants de se faire catholiques et de vivre en catholiques. Quant à lui, il s'abstenait de professer aucune religion : indifférent à tout, il refusait absolument, malgré les exhortations et les instances de sa famille, de songer à son âme, exposée à un péril évident de damnation. Instruite, par une des filles du malade, du triste état de cet obstiné, une personne pieuse remit à cette jeune fille une médaille de Marie Enfant : « Tenez, lui dit-elle en la « lui présentant, allez chez votre père et tâchez de mettre « cette médaille au moins sous son oreiller. Ayez confiance, et

« vous verrez. » La jeune fille se rendit, en effet, près de son père, qu'elle trouva encore plus mal, et plus rebelle aussi à tout ce qu'elle put lui dire pour le salut de son âme. Ne pouvant mieux faire, elle cacha, à l'insu du malade, la médaille bénite de Marie Enfant sous son oreiller, et se retira, mais avec une invincible confiance en la protection de Marie.

Le lendemain arriva le rabbin, venant de lui-même visiter le malade. Celui-ci lui enjoignit brusquement de quitter sa maison : « Je ne vous ai point appelé, lui dit-il, et je ne veux « entendre parler ni de rabbins, ni de judaïsme. » A ce langage, le rabbin comprit qu'il n'y avait pas lieu d'insister, et sortit aussitôt.

Sachant ce qui se passait, un des membres de la famille accourut près du malade : « Et qui voulez-vous donc faire « appeler ? lui dit-il. Un de nos prêtres peut-être ? » — « Précisément, répondit le malade, car je veux mourir catholique. » Appelé en toute hâte, le curé de la paroisse vint immédiatement, et en peu de temps disposa le converti à recevoir le baptême, la confirmation, et les derniers sacrements. L'Évêque du diocèse le baptisa, puis le confirma, ce qui produisit une vive impression dans le public et édifia beaucoup. Le mourant, ne pouvant communier, reçut ensuite l'Extrême-Onction seulement, et, véritable trophée de la puissance de Marie Enfant, il mourut paisiblement dans le baiser du Seigneur, en donnant tous les signes de la plus sincère conversion.

II

Guérison merveilleuse obtenue au moyen du coton bénit qu'on fait toucher à la Santissima Bambina.

Au mois d'août 1885, un petit enfant, à peine âgé d'un an, tomba gravement malade de la fièvre typhoïde, et fut sur le point de mourir. Il guérit cependant vers le mois de décembre de la même année ; mais il lui resta une faiblesse générale et une telle douleur à un pied qu'il ne pouvait l'appuyer par terre. Après un sérieux examen, les médecins déclarèrent qu'il n'y avait aucune amélioration à attendre, sinon dans le développement naturel de l'enfant.

Cependant on fit voir le petit malade à une femme très entendue, disait-on, dans ces sortes de maladies. Elle jugea que l'épine dorsale était déviée, et en conséquence y fit appliquer un emplâtre de son invention, en donnant quelque espoir d'un bon résultat.

Mais, dans le courant du mois de février 1886, la bonne mère de l'enfant, trouvant la guérison trop lente à se produire, vint à Milan, et, portant son cher petit malade, elle s'empressa d'aller à la chapelle de Marie Enfant, avec une ferme confiance de voir ses vœux exaucés. Marie, en effet, récompensa la ferveur de la pieuse suppliante, et voici comment : prosternée devant la sainte image, la mère, plus avec ses larmes qu'avec des paroles, se mit à conjurer la céleste Petite de guérir son enfant, pendant que, de son côté, le pauvre innocent, sur les bras de sa mère, tendait vers Marie son petit pied malade, en disant de temps en temps dans son langage enfantin : « *U me pè ! u me pè !* Eh mon pied ! eh « mon pied ! » Alors une Sœur donna à la mère une médaille de la *Santissima Bambina* pour la suspendre au cou de son fils, et fit ensuite toucher un peu de coton bénit au pied infirme. O merveille ! A ce contact, l'enfant s'agite, se débat, ne voulant plus qu'on le porte et demandant à être posé à terre : tout mal, en effet, avait disparu. Depuis lors, plein de vie et de santé, il continue à faire la joie de sa mère, qui, dans les marques de plus en plus évidentes de la guérison de son cher petit, voit une preuve de la puissance de Marie Enfant et une récompense de sa confiance en elle.

III

Guérison mémorable d'une jeune personne, obtenue par l'intercession de Marie Enfant.

Depuis quatre ans déjà, une jeune fille du diocèse de Milan

éprouvait de très vives douleurs à l'épine dorsale ; mais ses souffrances étaient si étranges que les médecins ne pouvaient définir la nature du mal dont elle était atteinte. Après avoir employé les remèdes les plus énergiques, elle fut obligée de s'aliter au mois d'avril 1884, et se vit désormais dans l'impossibilité de se lever. Sur ces entrefaites, la jeune fille entendit parler de la dévotion à Marie Enfant, et fit plusieurs neuvaines en l'honneur de la *Santissima Bambina*, mais sans nulle apparence d'un mieux réel. Elle n'en continua pas moins à prier Marie avec une ferveur admirable, convaincue que tôt ou tard elle serait exaucée. La dernière neuvaine devait se terminer pour le 1er mai de l'année suivante, et la malade déclarait qu'elle se lèverait ce jour-là et irait avec les autres fidèles à l'église honorer la sainte Vierge. En effet, le 1er mai 1885, à cinq heures et demie du soir, elle quitta, non sans effort et sans de vives douleurs, le lit où elle gisait depuis un an ; de là elle se traîna ou plutôt on la porta jusqu'à l'église, car il lui était encore impossible de faire le moindre mouvement toute seule. Elle continua ainsi chaque jour à se rendre à l'exercice du mois de Marie, avec des souffrances et des efforts inouïs. Le 25 du même mois, elle vint à Milan visiter la *Santissima Bambina*, accompagnée des charitables personnes qui l'aidaient à marcher. Arrivée à la chapelle de Marie Enfant, elle essaya de s'agenouiller et, appuyée sur la balustrade, elle se mit à prier. Trois minutes s'étaient à peine écoulées qu'elle se sentait capable de se passer de tout appui ; elle continua donc sa prière, se tenant à genoux sans l'aide de quoi que ce soit, et adressa longtemps ses supplications à la Sainte Enfant. Elle se leva ensuite seule et pleine de force, commença à marcher sans aucun secours, descendit seule l'escalier, monta dans le tramway, et, parvenue à destination, en descendit avec agilité, en parfaite santé, au grand étonnement des personnes présentes, qui, témoins d'un tel changement, ne doutèrent point de l'intercession de Marie Enfant dans cette guérison miraculeuse.

IV

Admirable conversion d'un pécheur opérée par Marie Enfant.

Au mois d'octobre 1886, dans l'hôpital d'une ville de la Vénétie, se trouvait, entre autres malades, un malheureux vieillard septuagénaire, que la mort allait frapper. Échappé de la maison paternelle à l'âge de neuf ans, il avait depuis lors mené la vie d'un fainéant, d'un vagabond et d'un impie, n'ayant plus rien de chrétien qu'un faible reste de confiance en Marie.

Les religieux auxquels était confié le soin spirituel des malades, n'avaient encore rien pu obtenir du malheureux impénitent. A toutes les exhortations, il opposait une obstination chaque jour plus invincible. Cependant, les Sœurs attachées à l'hôpital priaient pour lui la Vierge Enfant. L'une d'elles, s'approchant un jour du lit du malade et l'engageant d'une manière aimable à songer à son âme, n'en put tirer pour toute réponse qu'un torrent de blasphèmes contre Jésus et Marie. La prudente Sœur ne se découragea pas, mais, comme si elle n'eût rien entendu, elle prit une médaille bénite de Marie Enfant, et dit au vieillard en la lui présentant : « Voudriez-vous me faire le plaisir de porter au cou cette « médaille de la Madone, en qui j'ai tant de confiance ? » Le malade accepta sans hésiter. « Puis, ajouta la bonne Sœur, « vous lui direz bien aussi quelques *Ave Maria*, n'est-ce « pas ? » Il le promit également. Mais ce fut tout : impossible de lui parler de se rendre aux charitables exhortations des prêtres, et de se réconcilier avec Dieu. Cependant quelques jours après, tandis que l'Évêque du diocèse se trouvait dans cet hôpital, où son zèle avait déjà converti un autre malade, le pauvre vieillard fut enfin touché de la grâce. Averti par un religieux de l'état de ce malheureux, le Prélat se rendit près de lui, et, après quelques moments d'entretien, en obtint la promesse qu'à son retour, dans la soirée, il se confesserait. Le moribond se confessa, en effet, et, le lendemain, reçut la sainte communion, pour la première fois de sa vie. Peu après, il mourut paisiblement, laissant tout le monde émerveillé de la puissance admirable de l'aimable Vierge Enfant, qui, avec tant de facilité, avait su ramener au Cœur de son Jésus une âme si criminelle et si près de tomber en enfer.

V

Guérison extraordinaire d'une jeune fille, obtenue par la dévotion à Marie Enfant.

Une jeune fille de Lombardie souffrait, depuis un an et demi, d'une toux très violente accompagnée d'une fièvre continue, de telle sorte qu'elle pouvait à peine rester quelques heures levée pendant la journée. Ni les applications de sangsues, ni de nombreux vésicatoires, ni d'autres moyens des plus énergiques ne réussirent à améliorer sa triste situation. Or, sur ces entrefaites (c'était en juillet 1886), un journal catholique donna le récit de quelques faveurs miraculeuses obtenues par l'intercession de la Vierge Enfant. Frappé de cette lecture, le curé de la jeune malade lui proposa de faire une neuvaine à la *Santissima Bambina*; lui-même vint à Milan, où il commença cette neuvaine par la célébration de la sainte Messe à l'autel de la précieuse statue.

Le soir, à son retour, le zélé pasteur s'empressa d'aller visiter la malade et de lui porter une médaille bénite de la *Santissima Bambina*. Mais, quelles ne furent pas sa surprise et sa joie en voyant venir au-devant de lui la jeune fille tout alerte et rayonnante, lui disant et répétant : « Je suis guérie, « je suis guérie! » Ses parents l'entouraient, versant des larmes de consolation, et unissant leur témoignage à celui de leur fille. En effet, la toux avait disparu, la fièvre avait cessé, les forces étaient revenues. La continuation de cet état de santé, si soudainement rétabli, vint, mieux que tout le reste, confirmer la croyance universelle qui attribuait cette guérison miraculeuse à la Vierge Enfant, à laquelle furent rendues les plus affectueuses actions de grâces.

VI

La Santissima Bambina *convertit deux apostats.*

Au mois d'octobre 1886, parmi les malades recueillis dans un hôpital de la Vénétie, se trouvait un malheureux qui, depuis quelque temps, avait renié la foi catholique et entraîné sa femme dans son apostasie. Devenu père d'un petit garçon, il s'opposa obstinément à ce que l'enfant reçût le saint baptême. Mais la souffrance dessille les yeux et prépare les voies à la vérité : c'est ce qui eut lieu pour ce pauvre égaré. Depuis quelques jours, en effet, il laissait apercevoir des signes d'une profonde tristesse, causée bien moins par la maladie dont il était atteint, que par les remords cuisants et continuels dont sa conscience était torturée. La Sœur de Charité qui le soignait, avait remarqué cette mélancolie ; aussi, pour procurer quelque allégement au malade, l'engagea-t-elle à porter au moins à son cou la sainte image de Marie Enfant. Quelques heures s'étaient à peine écoulées depuis cet acte si simple de dévotion, quand le malade fit appeler la Sœur en toute hâte : « Je veux me confesser, lui dit-il, et tout de suite, et je veux « que ma femme vienne demain, pour abjurer avec moi le « protestantisme. » Sa femme vint, en effet, le lendemain, portant son petit enfant, et tout ce qu'avait résolu le malade s'accomplit avec le concours de l'Évêque du diocèse, pour qui ce fut un bonheur et une extrême consolation de réconcilier avec l'Église cette malheureuse famille. L'enfant fut baptisé, l'abjuration faite, et la paix conclue avec Dieu. Ce qui excita le plus l'admiration et donna à tous le plus de joie, ce fut le pauvre malade, dont la conduite devint si différente depuis ce jour-là, qu'à peine pouvait-on en croire ses yeux. Cette conversion fut sincère, et à tel point qu'elle peut être considérée comme une des plus remarquables faveurs obtenues par l'intercession de Marie Enfant, à qui soient louanges et actions de grâces durant tous les siècles. Ainsi soit-il.

VII

La Vierge Enfant guérit une petite fille.

Nous ne remercierons jamais assez notre ange gardien des innombrables dangers dont il nous a délivrés, surtout dans notre enfance, où tant de vivacité s'unit à l'inconsidération. Une bonne mère de famille, du canton du Tessin, fit, le 12 décembre 1886, l'expérience de cette douce vérité. Le feu ayant pris, on ne sait comment, aux vêtements d'une de ses filles, âgée de sept ans, la pauvre petite fut tellement brûlée que le médecin appelé pour la soigner jugea le cas désespéré. Impossible d'exprimer, et même d'imaginer la douleur de la mère et les atroces souffrances de l'enfant. Mais, par bonheur, l'ange gardien de cette pauvre petite inspira à la mère la pensée de se servir, comme de remède contre ces horribles brûlures, de l'huile de la lampe entretenue devant l'autel de la *Santissima Bambina* chez les Sœurs de la Charité, à Milan, et, pleine de confiance en Marie, elle oignit de cette huile bénite les membres de sa fille. La Vierge Enfant récompensa la foi de la pieuse femme, et rendit si promptement la santé à la petite malade, que les hommes de l'art jugèrent cette guérison au-dessus des forces des remèdes naturels.

VIII

Un grand pécheur converti par l'intercession de Marie Enfant.

Séparé depuis longtemps déjà de sa femme, dont il avait eu deux filles, et menant la vie d'une brute plutôt que celle d'un chrétien, gisait dans un hôpital d'Italie un homme âgé d'une quarantaine d'années, affligé d'une hernie très dangereuse. Emu de compassion devant l'état de cette âme, un des prêtres attachés à l'hôpital se mit en devoir d'exhorter le malade à recevoir les Sacrements, mais ce fut inutile. Cependant le jour fixé pour l'opération chirurgicale approchait, et il y avait tout lieu de craindre que le patient n'y succombât. Une des Sœurs de l'hôpital eut alors la bonne pensée de glisser furtivement une médaille de la *Santissima Bambina* sous l'oreiller du malheureux impie. L'opération eut lieu au milieu des convulsions du malade, qui, sous le fer du chirurgien, ne faisait que frémir de rage et blasphémer comme un damné. Le prêtre dont nous avons parlé, revint le voir le lendemain, et, après quelques moments d'entretien, se retira sans lui parler de confession. Ce silence fut d'une éloquence merveilleuse pour le malade : l'impression salutaire qui lui en demeura le détermina à rappeler d'abord la Sœur, puis, par son entremise, le prêtre, auquel il se confessa spontanément avec des signes d'un véritable repentir. Faisant ensuite venir ses deux filles, il les décida à se réconcilier avec leur mère, ce qu'il fit lui aussi de son côté. En outre, le malade promit que, s'il plaisait à Dieu de lui conserver la vie, il romprait à jamais avec toute relation coupable. La dévotion avec laquelle il reçut les derniers Sacrements fut pour tous une preuve certaine de la sincérité de sa conversion. Marie Enfant avait évidemment pris cette âme sous sa protection spéciale pour en faire un trophée de sa miséricorde.

IX

Merveilleuse guérison obtenue par la dévotion à Marie Enfant.

Le fait suivant eut lieu au mois de novembre 1886. Dans une grosse bourgade du canton du Tessin, la *Santissima Bambina* récompensa magnifiquement la confiance avec laquelle on recourut à elle en faveur d'une jeune femme. Celle-ci se tenait un jour sur un balcon, occupée à quelques soins domestiques, quand, s'approchant de la balustrade et se penchant trop en dehors, elle perdit soudain l'équilibre et tomba d'une hauteur de quatre mètres environ. Toutes les personnes présentes, saisies d'épouvante, crurent qu'elle était morte sur le coup. Trois médecins, appelés à la hâte, constatèrent à la tête deux blessures profondes et mortelles et ne laissèrent aucun espoir de guérison. Le crâne était fendu en deux parties, dont l'une et l'autre se mouvaient comme une boite avec son couvercle. On procéda à un pansement du mieux que l'on put, et l'on attendit quelque temps pour voir, par l'effet produit, ce qui restait à faire. Une pieuse personne jugea alors que, par les moyens surnaturels, on arriverait plus promptement et plus sûrement au résultat désiré. Aussitôt donc, on suspendit avec beaucoup de foi au cou de la malade une médaille de la *Santissima Bambina*, et l'on commença à passer légèrement sur les plaies un peu de coton bénit qui avait touché à la sainte image, puis à y verser quelques gouttes de l'huile de la lampe qui brûle dans sa chapelle ; en même temps, on fit une neuvaine à Marie Enfant. C'en fut assez : Marie se plut à exaucer les supplications de ses pieux serviteurs, et, en quelques jours, la jeune femme se vit en état de reprendre ses occupations ordinaires, comme si rien ne lui était arrivé.

X

Marie Enfant guérit miraculeusement une Novice de l'Institut des Sœurs de la Charité.

Le soir du 13 juillet 1881, dans la Maison-Mère des Sœurs de la Charité, à Milan, une jeune Novice passant joyeusement avec ses compagnes le temps de la récréation, fit une chute, et, en tombant, alla se frapper la tête contre un mur, en même temps qu'elle se faisait au genou droit une forte contusion. L'emploi des remèdes les plus énergiques de l'art médical, la mirent en trois jours hors d'un danger d'abord jugé grave, et, dans les quinze jours qui suivirent, elle parut entièrement rétablie. Mais, peu après, des douleurs violentes se déclarèrent dans les membres contusionnés, et ces douleurs devinrent telles que, même après de fortes doses de chloral, la malade ne pouvait avoir un seul instant de repos. Le chirurgien qui la soignait remarqua alors un gonflement à l'os du genou blessé. Bientôt le mal s'étendit à tout le côté droit et le frappa de paralysie, en sorte que la malade ne pouvait plus faire aucun mouvement, même de la tête. Une si étrange complication parut être l'indice d'une lésion cérébrale et fit craindre une paralysie universelle. Or, dans la soirée du 8 septembre, une autre Sœur infirme demanda avec empressement la statue de la *Santissima Bambina*, pour l'avoir la nuit sur son lit pendant les heures pénibles qu'elle passait dans l'insomnie. Cette faveur lui fut accordée et la petite statue demeura auprès de la pauvre Sœur, qui passa une nuit bien calme dans sa douce compagnie. Le lendemain matin, la Supérieure Générale, étant entrée dans l'infirmerie pour la visite des malades, prit la sainte Madone afin de la donner à baiser aux Sœurs souffrantes. Bientôt elle arriva près de la Novice malade, dont nous avons décrit plus haut le pénible état. Celle-ci contempla quelques instants la céleste Petite, puis fit un grand effort et réussit à étendre le bras gauche pour la saisir ; la pressant alors sur son cœur, elle adressa à Marie des paroles pleines de tendresse. Soudain elle se sent capable de mouvoir et d'étendre aussi l'autre bras, complètement immobile depuis plusieurs jours. Aussitôt, des deux mains, elle prend la chère statue, la caresse et l'embrasse dans une indicible étreinte. Cependant un mystérieux frémissement parcourt tous ses membres ; ses douleurs, si vives il n'y a qu'un instant, ont cessé tout à coup. La malade délie alors elle-même ses bandages avec promptitude, se débarrasse de tout ce qui l'arrête, et saute du lit en criant : « Je suis guérie ! » La guérison était, en effet, complète. Sans nulle faiblesse ni douleur, la Novice put demeurer debout jusqu'à cinq heures de l'après-midi, et pourtant depuis trois semaines elle gardait une diète absolue, elle avait subi l'application d'un grand nombre de sangsues et de vésicatoires, et, pour faire le moindre mouvement, il lui fallait le secours de deux infirmières.

Si, dans cette guérison mémorable, on ne veut pas voir l'intervention miraculeuse de Marie Enfant, où la reconnaîtra-t-on ?

XI

Marie Enfant vient merveilleusement au secours d'une jeune malade, et pour le corps et pour l'âme.

En février 1885, guidée par la divine Providence, arrivait dans un hôpital d'une des principales villes d'Italie une jeune fille, bien plus malade encore de l'âme que du corps. Il suffira de dire que, depuis cinq ans déjà, la malheureuse ne s'approchait plus des Sacrements et avait presque entièrement abandonné les pratiques de notre sainte religion. S'étant aperçue du triste état de son âme, une des Sœurs de l'hôpital l'aborda un jour et lui dit avec beaucoup de douceur : « Ma fille, si « vous voulez réellement guérir, écoutez-moi bien : ayez « recours à Marie Enfant, mais avec confiance. Allons, aujour- « d'hui même commencez une neuvaine de prières en son « honneur ; je vous l'assure, vous en serez contente. » La malade ne fit aucune difficulté et commença sur-le-champ la neuvaine : cependant, le dernier jour arrivé, aucun signe d'amélioration ne s'était encore manifesté. C'était le 14 du mois. Voyant, ce jour-là, porter la sainte communion aux autres malades, la jeune fille se sentit vivement impressionnée, et, sous le coup de l'émotion, se mit à fondre en larmes. Ce fut l'heureux moment de la grâce que lui obtenait Marie Enfant. En effet, aussitôt elle demanda à se confesser. Après s'être soigneusement préparée, elle ouvrit son âme au prêtre, et lui en manifesta toutes les plaies, avec une si grande consolation que sa joie intérieure se reflétait sur son visage, devenu calme et serein. Le lendemain, elle communia dans des sentiments d'une piété touchante. En même temps elle se sentit guérie, affirmant que son mal venait bien plus du poids énorme de ses péchés que de toute autre cause. Reconnaissante envers la Vierge Enfant, sa charitable libératrice, elle commença dès lors à lui vouer une tendre dévotion, qui lui valut de nouvelles grâces, spécialement celle de trouver, bientôt après, un asile assuré dans un hospice placé sous le patronage de saint Joseph, époux de Marie.

XII

Guérison miraculeuse d'une malade, obtenue par l'intercession de Marie Enfant.

En 1885, dans l'hôpital d'une ville de la haute Italie, se trouvait une jeune fille, atteinte depuis quatre ans d'une inflammation lente de la moelle épinière, et déclarée incurable par les médecins. Les douleurs endurées par la pauvre enfant étaient si violentes, que parfois elle en perdait presque connaissance, et elle était devenue par sa maigreur comme un squelette vivant. Ramassée en peloton, sans force dans les jambes, les doigts de pieds contractés et repliés, elle faisait compassion à tous ceux qui la soignaient.

Cependant, suivant le conseil des pieuses Sœurs de l'hôpital, la malade avait déjà fait plusieurs neuvaines et autres dévotions semblables pour obtenir sa guérison, mais sans en éprouver jamais le moindre soulagement. A cette époque commencèrent à paraître et à se répandre rapidement des gravures représentant la Vierge au berceau. On en offrit une à la pauvre jeune fille, en lui proposant de faire une neuvaine en l'honneur de la Sainte Enfant. Elle y consentit, mais ajouta : « Si celle-ci ne me guérit pas mieux que les autres, « je n'en ferai plus aucune. » Marie Enfant voulut mettre sa constance à l'épreuve jusqu'au soir du dernier jour de la neuvaine. Les douleurs de la patiente semblaient même avoir augmenté d'intensité ; malgré tout, elle espérait sa guérison par le secours de la *Santissima Bambina*. Le 19 avril, vers la fin de la soirée, la malade crut sentir, comme elle l'attesta depuis, une main bienfaisante passer doucement sur tout son corps, après quoi elle s'endormit. Le lendemain, dès la pointe du jour, celle qu'on réputait incurable criait avec force de son lit qu'elle était guérie, qu'elle n'avait plus aucun mal, qu'elle voulait se lever. Tout d'abord les personnes présentes crurent à une aggravation dans son état et à un moment de délire. Mais, pour faire cesser leur hésitation, elle descendit de son lit, s'habilla sans le secours de personne, et se mit à marcher de long en large d'un pas assuré. En un mot, ce fut une guérison réelle, parfaite, et instantanée opérée par Marie Enfant, aux douces petites mains de laquelle l'heureuse jeune fille attribua le rétablissement de sa santé.

XIII

La Vierge Enfant sauve une personne tombée dans le désespoir.

Parmi les épreuves multiples dont se sert la divine Providence pour affermir la vertu de l'homme et le rendre digne de la récompense éternelle, il en est parfois qui demandent, pour être supportées, une âme solidement établie dans les maximes de notre sainte religion : autrement on court risque d'être vaincu et de succomber sous leur poids.

C'était précisément le danger où se trouvait une dame qui, de l'aisance d'une condition honorable et d'une situation florissante, était tombée dans un état d'indigence et de misère. Vivre heureuse et tranquille dans un pareil dénuement lui semblait impossible, car elle ne voulait pas croire qu'il lui suffisait, pour trouver la paix et la joie véritable, de servir Dieu fidèlement et de l'aimer de tout son cœur, tout le reste n'étant que *vanité et affliction d'esprit* (1). Si, du moins, elle

(1) Eccl., I, 14.

eût eu recours à l'arme de la prière ! Mais non ; s'abandonnant, au contraire, à un sombre désespoir, l'infortunée songeait à attenter à ses jours en prenant je ne sais quel poison. Et elle eût certainement mis à exécution ce funeste dessein. si Notre-Seigneur n'avait inspiré à une personne confidente de ses chagrins de porter dans sa chambre une image de Marie Enfant. La vue de ce doux et si aimable visage suffit pour apaiser la tempête et rétablir le calme dans le cœur de la malheureuse créature, en y ramenant la confiance en la divine bonté et en la protection de Marie. Aussitôt elle se sentit pressée de prier, puis de se repentir de sa résolution insensée et de ses autres fautes ; elle se hâta de s'en confesser avec sincérité et contrition, et ainsi elle commença à expérimenter que Marie Enfant est la consolatrice de tous les misérables.

XIV

Une petite fille est guérie d'un mal très grave par l'intercession de Marie Enfant.

L'étourderie et l'imprudence sont le propre de l'enfance. Par suite de cette légèreté, une petite fille de douze ans, s'amusant un jour à mettre une épingle dans sa bouche, eut un moment de distraction et l'avala. Qui peut imaginer l'épouvante de la pauvre enfant. les violents efforts qu'elle fit pour rejeter l'épingle, et les cruelles douleurs qu'elle dut éprouver en sentant déjà en elle ses piqûres ? Comment dépeindre la désolation et le chagrin de sa mère ? Inutile de le dire, tous les moyens indiqués par la science furent mis en œuvre pour délivrer l'enfant de la fatale épingle ; mais ces divers essais n'eurent d'autre résultat que d'augmenter ses tourments et ses convulsions. La mère affligée se souvint alors fort heureusement de la *Santissima Bambina* et se tourna vers elle pour en obtenir un secours efficace en faveur de sa fille. Sans retard, elle commença une neuvaine de prières à Marie. Avec quelle anxiété la suppliante ne regardait-elle pas si elle ne viendrait pas à apercevoir quelque indice d'amélioration dans l'état de sa chère enfant ! Avec quelle sollicitude ne l'interrogeait-elle pas ! Toute la neuvaine se passa cependant sans que la pauvre mère reçût aucune consolation à cet égard. Mais à peine ce pieux exercice était-il terminé, que tout à coup l'enfant, en présence de sa mère, par un léger mouvement de toux, rejetta par la bouche l'épingle déjà oxydée et dont la tête en verre était à moitié brisée. Après six mois d'atroces souffrances, Marie Enfant la lui avait extraite du poumon, où elle s'était fixée. Témoin d'un fait si merveilleux, le médecin fut contraint d'avouer qu'il surpassait les ressources de son art : et c'est ainsi qu'on reconnut la miséricordieuse intervention de la *Santissima Bombina* en faveur de ses pieuses servantes.

XV

Marie Enfant guérit miraculeusement une jeune fille.

Une jeune fille de dix-neuf ans, originaire de la basse Italie et habitant une ville de la Vénétie, éprouvait depuis quelque temps des douleurs dans l'épine dorsale; mais, ne voulant pas laisser certains travaux, elle tardait toujours à parler de ce malaise. Peu à peu, les douleurs se faisant sentir plus intenses, elle fut incapable de les dissimuler plus longtemps et, le 17 juin 1886, il lui fallut s'aliter. Le médecin qui vint la voir, ordonna de l'huile de Mars (1) et un vésicatoire.

Durant les onze jours qui suivirent, le mal ne fit pas de grands progrès; la malade put même se lever quelquefois, avec l'aide de deux autres personnes. Mais bientôt après, les douleurs du dos, jointes à une faiblesse extrême, devinrent si violentes que plus d'une fois la malade fut trouvée hors de son lit, sans connaissance, étendue sur le sol. Cependant le médecin, l'ayant examinée plus attentivement, constata une inflammation de la moelle épinière, et, en conséquence, la soumit à un traitement plus régulier. Le résultat n'en fut pas

(1) Huile artificielle à principes ferrugineux.

meilleur, et il fut décidé qu'on appliquerait des boutons de feu. La pauvre malade eut alors un pressentiment que très prochainement elle guérirait tout à fait ou serait délivrée par la mort, et elle déclarait que, malgré son désir de guérir, elle était néanmoins toute résignée à voir finir ses jours. Elle commença, avec les Sœurs de l'infirmerie où elle se trouvait, une neuvaine à Marie Enfant, et, depuis ce moment, son espoir de la guérison s'accrut notablement. La jeune malade avait, en outre, fait à Marie une promesse particulière, au cas où la santé lui serait rendue. Les deux premiers jours, son état alla toujours en s'aggravant ; le matin du troisième, elle parut toucher à ses derniers moments et demanda le prêtre. La Sœur qui l'assistait lui ayant présenté un flocon de coton bénit, la malade le prit, le mit dans sa bouche et fit un acte de contrition, convaincue qu'en avalant ce coton elle allait guérir ou rendre l'âme. Elle l'avala ensuite et aussitôt poussant un cri : « Je meurs, dit-elle, je meurs ! » Ce fut un moment d'indicible angoisse. Mais à cette anxiété d'un instant succéda une transformation totale dans l'état de la malade, et bientôt elle reprit : « Je ne sens plus aucun mal, je me porte bien, je « suis guérie, et, cette grâce, je la dois à Marie Enfant. » Quelques moments après, elle avait quitté son lit de souffrance et se rendait à l'église pour entendre la sainte Messe et remercier sa céleste libératrice.

XVI

Marie Enfant fait la conquête d'un cœur.

Dans le courant de l'année 1887, un prêtre fit l'expérience de l'action merveilleuse exercée par la Vierge Enfant sur le cœur de ceux qui honorent son image dans la chapelle des Sœurs de la Charité. A vrai dire, il était d'abord resté plus qu'indifférent à tout ce qu'il entendait raconter de cette miraculeuse effigie, et, quand on lui parlait des grâces étonnantes obtenues par ceux qui avaient eu recours à la céleste Enfant, il éprouvait à y croire une certaine répugnance ; bien plus, il était tenté de qualifier ces récits d'historiettes et de légendes sans critique, et de n'y voir que des effets d'un fanatisme de femmes, et des exagérations dangereuses en nos temps de froideur et d'incrédulité. Mais une personne avec laquelle ce prêtre avait des rapports très intimes et qui, elle, était bien convaincue de la réalité de ces faits miraculeux, l'engagea peu à peu à aller quelquefois visiter la gracieuse image et à se recommander à la *Santissima Bambina*. Il finit par se rendre à de si pieuses et affectueuses exhortations. Or, la première fois qu'il fixa son regard sur le visage de la petite Vierge au berceau, il sentit s'allumer dans son cœur pour Marie un amour jusqu'alors inconnu ; quelques efforts qu'il fit, il lui fut impossible de retenir des larmes de tendresse à la vue d'une si touchante image. Cependant les grâces toujours plus nombreuses obtenues par les dévots serviteurs de Marie Enfant, les *ex-voto* couvrant les murs de la pieuse chapelle, inspirèrent au cœur de cet ecclésiastique un attrait de plus en plus grand pour visiter la très aimable petite Madone, et il avouait ressentir, chaque fois qu'il venait la prier, une confiance toujours plus grande et une plus tendre dévotion pour elle. Aussi aimait-il à répéter que, ne saurait-il rien des faveurs accordées à d'autres, celles dont Marie Enfant l'avait lui-même gratifié, lui suffisaient pour être désormais assuré de la manière admirable et toute spéciale dont cette céleste Petite fait éclater, au moyen de sa ravissante image, l'efficacité de son intercession et de son immense bonté.

XVII

Guérison d'une femme, obtenue par l'intercession de Marie Enfant.

On l'a expérimenté : quelquefois la sainte Enfant, même sans intervenir d'une manière miraculeuse, accorde les grâces qu'on lui demande, en bénissant les moyens naturels fournis par la science et la raison, et en leur communiquant la vertu nécessaire pour produire l'effet désiré. Le fait suivant en est la preuve :

En 1887, dans une ville de Lombardie, languissait depuis longtemps sur un lit de douleur une femme atteinte du typhus. La maladie se montrait obstinément réfractaire à tous les remèdes employés en pareil cas, et dont aucun ne fut négligé. De temps en temps un bon prêtre venait visiter la patiente, l'encourageant à mettre sa confiance en Dieu et surtout dans la protection de Marie. Déjà cette pauvre femme avait eu recours, selon ses forces, à différentes pratiques de piété, pour obtenir sa guérison : mais, loin de diminuer, le mal augmentait, au contraire, d'une façon effrayante. Sur ces entrefaites, ce prêtre, ayant eu connaissance des grâces sans nombre accordées par la *Santissima Bambina* à ceux qui recouraient à elle, voulut en faire l'expérience en la personne de sa pénitente. S'étant donc procuré du coton bénit de la sainte Enfant, il le remit à la malade en lui disant : « Commençons une neuvaine à Marie Enfant ; appliquez ce coton « là où vous souffrez le plus, et ayez une entière confiance. » La neuvaine n'était pas encore terminée que le médecin de cette femme vint lui faire sa visite accoutumée, et soudain changea son traitement, le remplaçant par un autre tout différent. A peine la malade en avait-elle fait usage, qu'elle éprouva un mieux sensible. Cette amélioration continua en augmentant rapidement, si bien qu'en quelques jours le rétablissement était parfait. Parmi les témoins de cette guérison éclatante, il n'y en eut aucun qui ne l'attribuât à une protection particulière de Marie Enfant.

XVIII

Différentes grâces temporelles dues à Marie Enfant.

Dans une grosse bourgade de la Valteline, durant les mois de mars et d'avril de l'année 1887, une femme originaire de Lombardie et venue depuis peu en ce pays, fit connaître aux habitants les grâces merveilleuses accordées par la *Santissima*

Bambina à ceux qui l'invoquent. En même temps, elle distribuait aux personnes pieuses un peu de coton mis en contact avec la sainte image vénérée à Milan, en les exhortant à avoir une grande confiance en l'intercession de Marie. Là aussi on put constater combien est agréable au Cœur de Jésus la dévotion fervente témoignée à la Vierge Enfant, sa mère. Entre autres grâces accordées en ce lieu par la céleste Petite, mentionnons celle dont une jeune fille fut l'objet. Elle avait au doigt un panaris affreux, qui lui causait de très grandes douleurs. En appliquant le coton bénit sur le mal et en invoquant avec confiance le secours de la Madone Enfant, elle se vit bientôt guérie. De même, une bonne mère de famille craignait quelque maladie grave pour sa petite fille, dont une des jambes avait commencé à enfler et à devenir livide. Déjà la douleur était si vive que l'enfant poussait des cris déchirants. La mère appliqua plusieurs fois sur le membre malade un peu de coton bénit, et constata que ce contact faisait sensiblement diminuer les symptômes morbides et les douleurs; aussi, en quelques jours, l'innocente petite créature avait-elle recouvré une parfaite santé.

XIX

Bonne mort obtenue par la dévotion à Marie Enfant.

Une femme, ayant perdu sa fille mariée depuis peu de temps, en conçut une telle tristesse que, dans l'excès de son chagrin, elle n'épargnait pas Dieu lui-même et lançait contre sa Providence, pleine d'une infinie sagesse, les blasphèmes les plus horribles. De jour en jour la malheureuse s'éloignait davantage de la source de toute vraie consolation, car, se repaissant de douleur et de colère, elle oubliait ses exercices habituels de piété et omettait tout acte religieux. Sa mélancolie devint du désespoir, et lui occasionna une maladie qui, s'aggravant rapidement, la conduisit bientôt aux portes du tombeau. Mais ce qui excitait le plus la compassion, c'était son obstination à refuser les Sacrements. Si on se hasardait à lui en parler en l'exhortant à se préparer à une bonne mort, elle ne répondait que par des injures et des blasphèmes contre les secours de notre sainte religion. Or, une personne pieuse, pleine de confiance en la protection de Marie Enfant, mit, à l'insu de la malade, une médaille bénite sous son oreiller, et commença immédiatement une neuvaine pour obtenir sa prompte conversion. Dès le troisième jour de ce pieux exercice, la grâce était obtenue. La femme endurcie et désespérée, celle dont la bouche vomissait le blasphème, se vit tout à coup en esprit sur le bord de l'enfer où elle allait être précipitée, et s'arrêta frémissante de terreur. Aussitôt, et d'elle-même, elle demanda un confesseur, se réconcilia sincèrement avec Dieu, reçut avec calme les derniers secours de la religion, et expira dans le baiser du Seigneur, excitant chez les personnes présentes une sainte envie d'une si bonne mort.

XX

Admirable guérison d'une malade, obtenue par l'intercession de Marie Enfant.

Au mois de juillet 1885, une pauvre domestique fut atteinte d'un érysipèle à la tête, accompagné des symptômes les plus graves. Tout le visage de la malade était enflé et difforme : la fièvre qui la dévorait s'élevait à 40 degrés et amenait le délire. Une femme du voisinage, accourue pour lui donner ses charitables soins, demanda à quelques-unes de ses amies ce qu'elle pourrait faire pour la guérir. Celles-ci furent d'avis de recourir à un moyen surnaturel, et lui conseillèrent d'appliquer sur le mal un peu de coton ayant touché à la sainte image de Marie Enfant. Accueillant ce conseil avec une entière confiance, la dévouée garde-malade posa le coton sur la tête de la patiente. Toutefois, la voyant dans un état si dangereux, elle émit la pensée qu'il serait prudent d'informer par un télégramme le mari de cette femme, qui se trouvait alors dans une ville éloignée. La malade, s'apercevant de son intention, lui dit vivement : « N'envoyez pas de dépêche, c'est « une dépense inutile ; je vais bien maintenant. » Les personnes présentes, prenant ces paroles pour l'effet du délire, n'y firent pas attention. Mais quelle ne fut pas leur stupéfaction lorsque, le lendemain, étant allées comme de coutume lui donner leurs soins, la malade leur demanda aussitôt ses vêtements, quitta son lit et s'habilla toute seule. Il y a plus : ce matin-là même, elle reprit chez ses maitres son service accoutumé. Ainsi, au simple contact du coton bénit, la fièvre déjà si ardente avait complètement cédé. Peu de jours après l'enflure du visage ne laissait plus aucune trace.

XXI

Bonne mort d'un pécheur, due à l'intercession de Marie Enfant (1er juillet 1885).

Parmi les cœurs d'argent suspendus en si grand nombre aux murs de la chapelle de la *Santissima Bambina*, il en est un qui rappelle une grâce insigne obtenue de la bonté de Marie Enfant, par une dame de qualité, en faveur de son mari. Celui-ci était à l'extrémité, atteint d'un cancer qui lui rongeait la langue, en lui faisant endurer des tortures dont on peut à peine se faire une idée. Le malheureux, dénué de tout principe religieux, et ne sachant mettre sa confiance ni en Dieu ni en Marie, courait le plus grand danger de mourir dans le désespoir et l'impénitence. Dans sa douleur, sa vertueuse épouse se décida à faire l'assaut du cœur de son mari par un moyen en apparence peu efficace, mais dont l'effet devait cependant la remplir de consolation. Elle plaça secrètement sous l'oreiller du malade une image de Marie Enfant, en recommandant instamment à la sainte Vierge la conversion de son époux. Ses vœux furent exaucés. Cet homme, jusqu'alors si rebelle à toute parole d'exhortation au repentir, ne tarda pas à sentir un vif désir d'une bonne mort. Se trouvant dans l'impuissance de parler, il demanda du papier et écrivit qu'il souhaitait voir un confesseur, non pas tant savant que patient, et cela le plus promptement possible. Son excellente femme, pour laquelle cette dernière recommandation n'eût pas été nécessaire, fit appeler un prêtre en toute hâte, et le malade se confessa en donnant toutes les marques d'une sincère contrition. On eut encore le temps de lui apporter le saint Viatique, qu'il reçut avec une particulière dévotion. Fortifié par ce divin Sacrement, il y a tout lieu d'espérer que, triomphant des derniers assauts de l'ennemi, il mourut de cette mort précieuse devant Dieu, dont meurent tous ceux que protège Celle qu'on aime à appeler avec l'Église *le Refuge des pécheurs*.

XXII

Marie Enfant délivre d'un mal grave un de ses serviteurs.

Un digne prêtre, vrai modèle de zèle et de ferveur dans l'accomplissement de ses devoirs religieux, se sentait entravé dans l'exercice de son ministère sacerdotal par des douleurs dont il souffrait de temps en temps à une jambe. Ces douleurs provenaient d'une phlébite, à laquelle se joignait un épuisement général. Le 18 juin 1885, ayant voulu, en sa qualité de directeur des Enfants de Marie, conduire sa pieuse congrégation à Milan pour visiter Marie Enfant, il se crut bientôt incapable de poursuivre son voyage, tant sa jambe était endolorie, et il confia ses craintes à son compagnon. Cependant, faisant des efforts surhumains, il se traîna comme il put jusqu'à Milan, et arriva enfin à la chapelle de la *Santissima Bambina*. Là il réussit, non sans douleur, à plier les deux genoux devant la gracieuse image. Avec une ferveur inaccoutumée, ce bon prêtre se mit alors à prier pour sa guérison Marie, *Santé des infirmes*. Sa prière se prolongea pendant une demi-heure, sans qu'il sentît son mal. Se levant ensuite tout consolé, il se trouva non seulement bien mieux qu'auparavant, mais même entièrement guéri. Il l'était en effet. Aussi ce respectable ecclésiastique se regarde-t-il comme redevable de cette merveilleuse guérison à Marie Enfant, qui avait évidemment daigné exaucer ses prières.

XXIII

Marie Enfant guérit miraculeusement une mourante.

Vers la fin du mois de janvier 1885, on distinguait, au milieu des fidèles réunis devant le berceau de Marie Enfant, une religieuse prosternée aux pieds de la céleste Petite, et la remerciant avec une grande ferveur de l'avoir en quelque sorte ressuscitée.

Voici ce fait mémorable avec ses circonstances : Depuis près d'un an cette religieuse était atteinte d'une maladie de poitrine, et le mal avait fait de tels progrès que déjà les deux poumons étaient entièrement pris. La fièvre s'élevait à 40 degrés ; les médecins avaient perdu tout espoir, et les derniers Sacrements venaient d'être administrés à la malade. La pauvre Sœur, se sentant si près de sa fin, exprima le désir de voir sa Supérieure Générale avant de mourir. Celle-ci s'empressa de se rendre dans la ville de la Vénétie où se trouvait la religieuse, et, la voyant si mal, elle crut devoir s'entendre déjà avec l'administrateur de la maison pour l'ordre des funérailles. Cependant les filles de cet asile, qui aimaient beaucoup leur chère maitresse mourante, faisaient pour elle une neuvaine à Marie Enfant, dont elles avaient mis une image entre les mains de l'Enfant Jésus exposé dans leur oratoire. La malade passa le 5 janvier, dernier jour de la neuvaine, dans une continuelle agonie ; à chaque instant on craignait de la voir expirer. Mais non. O puissance, ô bonté de la Vierge Enfant ! A peine les prières sont-elles achevées à la chapelle que l'agonisante est délivrée de ses souffrances, de la fièvre et de tout mal. Il n'y a qu'un instant, on la voyait sur le bord de la tombe, et la voilà tout à coup guérie, et si forte qu'elle se sent en état d'affronter les cent cinquante kilomètres de distance qui la séparent de Milan, où, pleine de reconnaissance, elle est accourue, en effet, acquitter sa dette envers Marie Enfant.

XXIV

La Santissima Bambina *rend la paix à une famille.*

Rien ne représente mieux le ciel qu'une famille dans laquelle règne une paix inaltérable : de même, au contraire, rien ne donne mieux une idée de l'enfer qu'une maison troublée par la discorde et la division.

Cet étrange malheur de la désunion était venu, dans ces dernières années, jeter la désolation dans une famille, où les enfants, depuis huit mois déjà, persistaient à demeurer dans un tel état de révolte contre leur père et de querelle entre eux, qu'ils se menaçaient de se tuer les uns les autres. Impossible de dire combien de moyens furent employés par la mère pour obtenir un peu de paix et d'entente : mais tout fut inutile. Enfin, son bon ange lui inspira de recourir à Marie Enfant. S'étant procuré du coton bénit par le contact de la sainte image, elle le plongea un jour avec beaucoup de foi dans l'eau destinée au potage, puis, se jetant à genoux devant le foyer, elle récita neuf fois de suite, avec une ferveur toujours croissante, l'*Ave Maria*, en conjurant la *Santissima Bambina* de lui prêter secours dans une si grave nécessité. L'heure venue, on sert le repas. Toute la famille est réunie, excepté un des fils, qui, le plus irrité de tous contre son père, n'avait pas remis les pieds à la maison depuis huit mois. La bonne mère demande alors à son mari s'il lui serait agréable qu'elle allât chercher le pauvre absent. Le père aussitôt répond affirmativement. A son tour, le fils se laisse sans difficulté persuader par sa mère ; en arrivant, il remet de lui-même à son père le peu d'argent qu'il avait amassé, prend place à table avec ses frères, et dès ce moment, le calme, la charité fraternelle et la paix rentraient dans cette famille désolée. Oh ! vive, vive Marie Enfant !

XXV

Guérison merveilleuse d'une enfant due à l'intercession de la Santissima Bambina.

Au mois d'avril 1886, dans une ville de la Vénétie, une jeune enfant de neuf ans fut soudainement prise d'une bronchite des plus graves. L'hydropisie et divers autres maux vinrent encore compliquer la situation, de telle sorte que les médecins jugèrent la mort certaine et prochaine : un des poumons était entièrement pris, et l'autre en grande partie. Alors une des tantes de la petite malade, ayant beaucoup entendu parler des miracles opérés par Marie Enfant, demanda et obtint du coton bénit, et, pleine de foi, l'appliqua sur sa chère nièce, qui, de son côté, disait avoir beaucoup de confiance en sa *Madonnina*. En même temps, elles commencèrent ensemble une neuvaine en l'honneur de la sainte Enfant. Néanmoins les premiers jours le mal s'aggravait ; mais, loin d'en être affaiblie, la confiance des suppliantes semblait, au contraire, grandir encore. Une légère amélioration vint ensuite récompenser leur foi, et, le mieux s'accentuant toujours, la malade se trouva en peu de temps parfaitement guérie. Étonné de cette guérison inattendue, le médecin demanda si l'on n'avait pas fait quelque vœu ou quelques prières à l'intention de la petite fille. La tante lui avoua tout avec simplicité, et ajouta que, chaque fois que sa nièce était prise d'un accès de sa toux si violente, elle saisissait le papier dans lequel était le coton bénit et, avec beaucoup de foi et de dévotion, le baisait en priant pour elle. Tous ceux qui connurent ce fait, ne purent douter que cette guérison ne fût l'œuvre de la *Santissima Bambina*.

XXVI

Une jeune fille triomphe d'une occasion dangereuse, grâce à la protection de Marie Enfant.

Oui vraiment, on peut attendre de Marie toute sorte de

faveurs, car, c'est chose certaine, Dieu ne lui refuse rien, et, par l'efficacité de sa prière, elle peut être dite maitresse de la toute-puissance divine : *Quod Deus imperio, tu prece, Virgo, potes.* Mais ce qui n'est pas moins vrai, c'est que les faveurs temporelles qu'elle daigne dispenser à ses serviteurs, ont toujours pour fin leur bien spirituel. Seulement, ce bien étant tout intime, reste ordinairement secret, et échappe facilement à la connaissance des autres, quelquefois même à la nôtre. Cependant certaines de ces grâces se manifestent parfois d'elles-mêmes : telle est celle que nous allons raconter.

Une jeune fille était en service dans une famille aisée. Aussi noble de cœur par l'élévation des sentiments religieux et surtout par un invincible amour de son honneur, qu'elle était humble de condition, elle avait, pour conserver son innocence, commencé à vouer une tendre dévotion à Marie Enfant, dont elle avait entendu raconter les gloires. Un soir donc, c'était au mois de février 1887, elle était dans la chambre de son maitre, occupée à bassiner son lit, lorsqu'elle se voit assaillie à l'improviste par cet impudent. Aussitôt elle appelle à son secours la Vierge Enfant, et soudain se sent assez de force et de sang-froid pour se défendre courageusement contre le tentateur, en lançant, tout rempli de braise, contre lui, l'instrument qu'elle avait entre les mains. Le malheureux en fut fort maltraité, et si effrayé que peu après il en eut une grosse fièvre. Ainsi Marie Enfant avait atteint un double but : la vertu de sa servante était préservée, et l'insolence du libertin recevait un juste châtiment.

XXVII

Une grande grâce spirituelle obtenue de Marie Enfant.

Ce qui révèle à la fois et la souveraine puissance de Marie et son amour sans borne pour les hommes, c'est son admirable condescendance à satisfaire si promptement et si facilement nos désirs.

Souvent une simple prière faite devant une de ses images avec un peu de confiance qu'on sera exaucé, suffit pour toucher son cœur et la déterminer à nous obtenir de Dieu les grâces les plus signalées. C'est ce qu'éprouva en 1885 une pieuse dame, qui craignait, avec trop de fondement, que son mari n'approchât pas des Sacrements à Pâques cette année-là. Dans son anxiété, elle courut à la sainte chapelle de Marie Enfant, et, dans toute l'ardeur de son âme, la conjura d'obtenir à son mari la grâce de remplir son devoir de chrétien. C'était le mercredi saint. Pleine de confiance, la bonne dame plaça, en rentrant chez elle, une image de la *Santissima Bambina* sous l'oreiller de son mari ; puis elle continua à prier avec beaucoup de ferveur. Que se passa-t-il ?... Le lendemain matin, dès le point du jour, son mari lui dit : « Je t'en « prie, conduis-moi dans quelque église pour y faire mes « dévotions. » Sa femme s'empressa de le satisfaire. Il se confessa, fit sa communion pascale avec une grande piété, puis, accompagné de sa digne épouse, il alla rendre d'affectueuses actions de grâces à la *Santissima Bambina*, dont il avait reçu, sans s'en douter, une si précieuse faveur.

XXVIII

Conversion merveilleuse d'un vieillard, due à Marie Enfant.

Le fait suivant se passait au mois d'avril 1887.

Dans l'hôpital d'une ville importante de la Vénétie, les Sœurs de Charité qui le desservaient et les religieux attachés à l'établissement paraissaient tous préoccupés d'une grave pensée. Une tristesse mal dissimulée se peignait sur leurs visages, et chacun semblait sous le poids d'une profonde douleur. Quelle en était la cause ? l'obstination d'un vieillard presque octogénaire, qui s'avançait à grands pas vers la mort et ne voulait entendre parler ni de religieux, ni de religieuses, ni des Sacrements. Dans son impiété, il lançait contre les pratiques de la religion les plus abominables blasphèmes. Un prêtre lui disant un jour pour l'engager à penser à son âme : « Mon ami, prenez bien garde, si vous « restez dans votre endurcissement, vous irez certainement « en enfer. » — « Bah ! bah ! répondit le vieillard sur un « ton moitié narquois, moitié désespéré, s'il y a un enfer, « c'est pour vous autres qu'il est fait. D'ailleurs, si je veux y « aller, moi, que vous importe ? » Ainsi d'aucun côté ne venait briller une lueur d'espérance de gagner cette âme si rebelle à toutes les grâces de Dieu. Cependant la Sœur aux soins de laquelle ce malheureux était plus spécialement confié, prenant une image de Marie Enfant, la plaça adroitement sous l'oreiller en disant intérieurement : « O Sainte Enfant, « maintenant c'est votre affaire. » Bientôt après, la bonne Sœur, qui ne cessait d'adresser à Marie les plus ardentes supplications, commença à s'apercevoir que le moment de la grâce n'était pas éloigné. Dès le troisième jour, en effet, le malade donnait des signes d'une inquiétude extraordinaire, d'une impatience, d'une irritation qui touchaient à la fureur. Cette agitation, comme on le sut plus tard, n'avait d'autre cause que les remords cuisants et intolérables de sa conscience, qui le déchiraient et lui bouleversaient l'âme. Ainsi se passa toute cette journée. Le soir, il appela la Sœur, et lui confia son anxiété, lui déclarant qu'il ne pouvait plus supporter son état, qu'il sentait un besoin extrême de mettre son âme en paix, en un mot, qu'il voulait se confesser. De fait il se confessa, et le confesseur ne put retenir ses larmes en voyant comment Marie Enfant avait triomphé de cette âme. Il reçut ensuite la sainte communion, ce qu'il n'avait pas fait depuis près de quarante ans. Les jours suivants, ce pauvre vieillard, si heureusement converti, se montra de mieux en mieux disposé à mourir de la mort des justes.

APPENDICE II

Neuvaines et prières à la Très Sainte Vierge Enfant.

I

NEUVAINE PRÉPARATOIRE A LA FÊTE DE LA NATIVITÉ DE LA SAINTE VIERGE (1).

(Cette neuvaine commence le 30 août)

Veni, Sancte Spiritus, reple tuorum corda fidelium et tui amoris in eis ignem accende.
℣. Emitte Spiritum tuum, et creabuntur.
℟. Et renovabis faciem terræ.

OREMUS

Deus qui corda fidelium Sancti Spiritus illustratione docuisti : da nobis in eodem Spiritu recta sapere, et de ejus semper consolatione gaudere. Per Christum Dominum nostrum. Amen.

(1) Les fidèles qui font publiquement ou d'une manière privée ce pieux exercice, au moins avec un cœur contrit, peuvent gagner une indulgence de 300 jours chacun des jours de la neuvaine, et, s'ils ont récité ces prières pendant les neuf jours, une indulgence plénière, soit le jour même de la fête, soit un des jours de l'octave, aux conditions ordinaires (Pie VII).

Cette neuvaine est extraite de la *Raccolta* approuvée par le Saint-Siège (Edition romaine de 1887).

O Très Sainte Vierge Marie, élue et destinée dès l'éternité par la très auguste Trinité pour être la Mère du Fils unique du Père ; ô vous qui avez été prédite par les Prophètes, attendue par les Patriarches, et désirée par toutes les nations ; sanctuaire et temple vivant de l'Esprit-Saint ; soleil sans tache, à cause de votre conception immaculée ; souveraine du ciel et de la terre, reine des anges : humblement prosternés à vos pieds, nous vous rendons l'hommage de notre vénération, et nous nous réjouissons de l'anniversaire solennel de votre bienheureuse naissance, vous suppliant, du fond le plus intime de notre cœur, de daigner, dans votre bonté, venir prendre en nos âmes une naissance spirituelle, afin qu'éprises de votre douceur et de votre amabilité, elles vivent toujours unies à votre très doux et très aimable cœur.

1. Et maintenant, nous vous adresserons neuf fois la salutation angélique, en l'honneur des neuf mois qui précédèrent votre naissance, vous rappelant d'abord avec bonheur qu'issue de la race royale de David, vous avez été mise au monde par sainte Anne votre bienheureuse mère. *Ave Maria*, etc.

2. Nous vous saluons, ô céleste Petite, colombe éblouissante de pureté, qui, en dépit du dragon infernal, avez été conçue sans la tache originelle. *Ave Maria*, etc.

3. Nous vous saluons, Aurore toute resplendissante, qui, messagère du divin soleil de justice, avez apporté à la terre les premiers rayons de la lumière. *Ave Maria*, etc.

4. Nous vous saluons, ô Enfant d'élection, qui, semblable à un soleil pur de toute tache, avez apparu au monde au milieu de la plus sombre nuit du péché. *Ave Maria,* etc.

5. Nous vous saluons, ô Lune radieuse de beauté, qui avez éclairé le monde enveloppé des ténèbres les plus épaisses du paganisme. *Ave Maria*, etc.

6. Nous vous saluons, ô Guerrière invincible, qui seule, aussi forte qu'une armée entière, avez mis en fuite tout l'enfer. *Ave Maria,* etc.

7. Nous vous saluons, ô belle âme de Marie, possédée par Dieu dès l'éternité. *Ave Maria,* etc.

8. Nous vous saluons, ô Enfant si chère ; nous vénérons votre très saint petit corps, les langes sacrés dont vous avez été enveloppée, le saint berceau où vous avez reposé, et nous bénissons le moment où vous avez apparu au monde. *Ave Maria,* etc.

9. Enfin, nous vous saluons, ô très aimée Petite, ornée de toutes les vertus dans un degré incomparablement plus élevé que tous les autres saints ; aussi, digne Mère du Sauveur, devenue féconde par l'opération du Saint-Esprit, vous avez enfanté le Verbe incarné. *Ave Maria,* etc.

PRIÈRE

O très gracieuse Enfant, qui, par votre heureuse naissance, avez consolé le monde, réjoui le ciel, et terrifié l'enfer, vous qui avez apporté aide et secours à ceux qui étaient tombés, force et courage aux affligés, santé aux infirmes, allégresse à tous, nous vous supplions, avec l'affection la plus tendre, de renaître spirituellement dans nos âmes par votre sainte dilection ; renouvelez notre esprit dans votre service, ravivez dans nos cœurs le feu de votre amour, et faites fleurir en nous les vertus qui peuvent nous rendre de plus en plus agréables à vos yeux très purs. O Marie, soyez-nous Marie, en nous faisant ressentir les salutaires effets de votre très doux nom. Que l'invocation de ce nom béni soit notre consolation dans les épreuves, notre espérance dans les dangers, notre bouclier dans les tentations, notre respiration au moment de la mort. Que le nom de Marie soit un miel pour notre bouche, une mélodie pour nos oreilles, une jubilation pour notre cœur. Ainsi soit-il.

Réciter les Litanies, et dire ensuite :

℣. Nativitas tua, Dei Genitrix Virgo.
℟. Gaudium annuntiavit universo mundo.

OREMUS

Famulis tuis, quæsumus, Domine, cœlestis gratiæ munus impertire : ut, quibus Beatæ Virginis partus exstitit salutis exordium, Nativitatis ejus votiva solemnitas pacis tribuat incrementum.

Deus, omnium fidelium Pastor et Rector, famulum tuum N. quem Pastorem Ecclesiæ tuæ præesse voluisti, propitius respice : da ei, quæsumus, verbo et exemplo, quibus præest proficere, ut ad vitam una cum grege sibi credito perveniat sempiternam.

Deus, refugium nostrum et virtus, adesto piis Ecclesiæ tuæ, precibus, auctor ipse pietatis, et præsta, ut quod fideliter petimus, efficaciter consequamur. Per Christum Dominum nostrum. Amen.

AUTRE NEUVAINE A MARIE ENFANT, POUR OBTENIR QUELQUE GRACE PARTICULIÈRE.

1er Jour. — Sainte Enfant, qui, en venant au monde tout immaculée, avez été sur la terre le plus splendide reflet du ciel et le spectacle le plus agréable à la Très Sainte Trinité, le cœur rempli de vénération et d'amour nous nous prosternons devant votre douce image, et nous nous réjouissons avec vous de votre grandeur. Oh ! soyez éternellement bénie, sublime Enfant, pleine de grâce : *Ave, gratia plena*. Remplis de confiance dans la toute-puissance de votre intercession, nous vous prions de nous obtenir toutes les grâces dont nous sentons si vivement le besoin (et en particulier celle pour laquelle nous faisons cette Neuvaine) ; mais surtout nous vous demandons la grâce de nous sanctifier, afin que nous puissions vous devenir semblables et plaire à la Très Sainte Trinité. *O Marie, conçue sans péché, priez pour nous. — Ave Maria. — Magnificat.*

2e Jour. — Sainte Enfant, qui, au premier instant de votre existence, avez offert à Dieu l'hommage d'un cœur tout brûlant d'amour pour lui, nous vous vénérons de toute notre âme dans votre sainte image, et nous admirons les moyens merveilleux dont se sert votre miséricorde pour gagner nos cœurs et ranimer en nous le feu du divin amour. Oh ! soyez éternellement bénie, très sainte Enfant, pleine de grâce : *Ave, gratia plena*. Par l'immense charité de votre cœur, daignez nous aider à correspondre à vos faveurs, en croissant toujours davantage dans l'amour de Dieu. *Marie, Mère du bel amour, exaucez-nous. — Ave Maria. — Magnificat.*

3e Jour. — Sainte Enfant, qui, dès le premier moment de votre vie, avez ardemment désiré coopérer avec Jésus à la sanctification et au salut de nos âmes, nous vous révérons de tout notre cœur dans votre précieuse image, et nous vous remercions d'avoir bien voulu vous en servir pour raviver par tant de prodiges notre dévotion envers vous, dans le temps même où le Souverain Pontife invite tout l'univers catholique à se tourner vers vous avec une spéciale confiance, au milieu des terribles épreuves qui affligent actuellement l'Église. Oh ! soyez éternellement bénie, Enfant tout aimable, pleine de grâce : *Ave, gratia plena*, et, nous vous en conjurons, faites que nos âmes aient toujours une confiance illimitée en vous, qui êtes la Mère de Dieu et notre Mère, et le canal de toute grâce. *Marie, Mère de la grâce divine, exaucez-nous. — Ave Maria. — Magnificat.*

4e Jour. — Sainte Enfant, dont la venue au monde consola la terre, qui salua en vous l'aurore de la rédemption, la corédemptrice et l'avocate du genre humain, nous vous vénérons de tout notre cœur dans cette chère image, et nous vous remercions d'avoir bien voulu par elle nous consoler dans nos peines, en nous donnant des preuves si évidentes de votre maternelle bonté. Oh ! soyez éternellement bénie, très douce Enfant, pleine de grâce : *Ave, gratia plena*. Daignez arracher de notre cœur tout ce qui pourrait être un obstacle à vos maternelles opérations, et ornez-le de ce qui vous est agréable et peut vous incliner à nous donner des marques spéciales de votre tendresse. *Marie, cause de notre joie, exaucez-nous. — Ave Maria. — Magnificat.*

5e Jour. — Sainte Enfant, qui, dès votre apparition dans le monde, avez été, par votre humilité, la terreur de l'enfer, nous vous vénérons de tout notre cœur dans votre humble image, et nous vous remercions d'avoir bien voulu nous rappeler par elle comment le Seigneur choisit les moyens les plus humbles pour accomplir les prodiges de sa miséricorde. Oh ! soyez éternellement bénie, très humble Enfant, pleine de grâce : *Ave, gratia plena*. Par les mérites de votre humilité, qui vous a rendue si agréable à Dieu et si terrible à nos ennemis, obtenez-nous l'esprit de vraie humilité, qui est la principale disposition à la grâce, et tournez vers nous vos regards miséricordieux pour voir et soulager tous nos besoins, exaucer nos vœux, et secourir avec nous l'Épouse de votre divin Fils, la sainte Église, avec laquelle nous vous invoquons en gémissant. *Marie, secours des chrétiens, exaucez-nous. — Ave Maria. — Magnificat.*

6e Jour. — On reprend la prière du premier jour (1).

(1) Cette neuvaine est due à un saint prêtre de Milan, très dévot à la *Santissima Bambina*. Il fut rappelé à Dieu avant d'avoir pu compléter le nombre de prières nécessaires pour les neuf jours. Par un pieux respect, personne n'ayant voulu achever l'œuvre du vénéré défunt, on a la coutume, quand on fait la neuvaine, de recommencer, pour les quatre derniers jours, les prières indiquées pour les premiers. Ainsi le 6e jour on reprend la première prière ; le 7e jour, la seconde, etc.

Prière à Marie Enfant.

Douce petite Marie, vous qui, ayant été choisie pour être la Mère de Dieu, vous montrez aussi notre auguste Souveraine et notre très aimante Mère, en accomplissant parmi nous tant de prodiges de grâce, daignez écouter avec compassion nos humbles prières. Dans les besoins qui nous pressent (et surtout dans l'affliction où nous nous trouvons en ce moment), toute notre espérance repose en vous. O Sainte Enfant, en considération des privilèges qui ne furent accordés qu'à vous seule et en vertu de vos mérites, faites nous ressentir encore l'effet de vos miséricordes. Montrez que la source des trésors spirituels et des bienfaits incessants que vous dispensez est intarissable, votre puissance sur le Cœur paternel de Dieu étant sans bornes. Ah ! par cette immense profusion de grâces que le Très-Haut déversa sur vous dès le premier instant de votre conception immaculée, exaucez notre supplication, ô céleste Petite, et nous louerons éternellement la bonté de votre cœur.

100 jours d'indulgence à quiconque récitera dévotement cette prière.

† DOMINIQUE, CARD. AGOSTINI.

Venise, 28 février 1885.

Triduum à Marie Enfant, pour obtenir quelque grâce particulière.

1. Très Sainte Enfant Marie, de toute éternité l'objet des complaisances de la Très Sainte Trinité,

en considération des privilèges singuliers dont vous fûtes enrichie, daignez avec bonté abaisser vos regards maternels sur moi, qui suis si pauvre de vertus, et obtenez-moi de la miséricorde de Dieu la grâce que j'implore à vos pieds. *Ave Maria.*

2. Très Sainte Enfant Marie, devant qui les anges se prosternent ravis d'étonnement et d'admiration, en répétant dans un transport d'amour : « O Reine, régnez, régnez éternellement sur nous, vous et votre divin Fils », en considération des témoignages de soumission et des hommages dont ces Esprits bienheureux entourèrent votre berceau, reconnaissant en vous leur future Souveraine, daignez m'obtenir du Très-Haut la grâce que je désire avec tant d'ardeur. *Ave Maria.*

3. Très Sainte Enfant Marie, la gloire et la joie de vos saints parents Joachim et Anne, par la libéralité avec laquelle vous avez récompensé le soin qu'ils prirent de votre enfance immaculée, écoutez avec bienveillance mes supplications et, par l'amour que vous leur portez, obtenez-moi du Dieu Tout-Puissant la grâce que j'implore. *Ave Maria.*

Céleste Enfant, qui avez daigné manifester par tant de prodiges votre désir de voir honorer votre tendre enfance, pendant laquelle, en raison du privilège de votre conception immaculée, vous étiez déjà si grande aux yeux de Dieu, ô vous la plus parfaite entre toutes les filles d'Ève, de votre sainte image tournez vers moi vos regards si pleins de douceur et de bonté, et, continuant à remplir votre office de médiatrice et d'avocate, daignez exaucer mes vœux.

Ne me laissez pas m'éloigner de votre berceau vénéré sans avoir exaucé ma prière, mais faites que j'en emporte les grâces et les consolations que je demande. A moi et à tous, obtenez, ô Marie, le véritable esprit de la dévotion à votre enfance et l'inestimable don de la sainte persévérance. Ainsi soit-il. *Ave Maria.*

Nous accordons 40 jours d'indulgence à quiconque récitera cette prière.

† LOUIS, ARCHEVÊQUE.

Milan, 6 mai 1886.

Litanies de Marie Enfant

Seigneur, ayez pitié de nous.
Jésus-Christ, ayez pitié de nous.
Seigneur, ayez pitié de nous.
Jésus-Christ, écoutez-nous.
Jésus-Christ, exaucez-nous.
Dieu du ciel notre Père, ayez pitié de nous.
Dieu le Fils Sauveur du monde, ayez pitié de nous.
Dieu le Saint-Esprit, ayez pitié de nous.
Trinité sainte, qui êtes un seul Dieu, ayez pitié de nous.
Sainte Marie Enfant, Fille de Dieu le Père, priez pour nous.
Sainte Marie Enfant, Siége de la Sagesse éternelle,
Sainte Marie Enfant, Épouse du Saint-Esprit,
Sainte Marie Enfant, en qui le Verbe de Dieu voit sa mère,
Sainte Marie Enfant, créée dans la pensée divine avant les siècles,
Sainte Marie Enfant, qui avez été conçue sans péché,
Sainte Marie Enfant, fille bénie de Joachim et d'Anne,
Sainte Marie Enfant, l'honneur et la jubilation de votre mère,

Priez pour nous.

Sainte Marie Enfant, plus belle qu'Adam et Ève au premier jour de l'innocence,
Sainte Marie Enfant, plus gracieuse que les anges,
Sainte Marie Enfant, dont les Chœurs célestes ont célébré la naissance,
Sainte Marie Enfant, dont le nom a dû être apporté du ciel,
Sainte Marie Enfant, dont le nom est plein de douceur et d'harmonie,
Sainte Marie Enfant, dont les mères apprennent le nom à leurs enfants,
Sainte Marie Enfant, dont le nom signifie Étoile de la mer,
Sainte Marie Enfant, dont le nom calme les flots des passions,
Sainte Marie Enfant, dont le nom relève le courage abattu,
Sainte Marie Enfant, dont le nom est la terreur de l'enfer,

Priez pour nous.

Sainte Marie Enfant, noble descendante des Patriarches,
Sainte Marie Enfant, qu'ont chantée les Prophètes,
Sainte Marie Enfant, Tige miraculeuse de Jessé,
Sainte Marie Enfant, magnifique Lis des vallons,
Sainte Marie Enfant, blanche Colombe des Cantiques,
Sainte Marie Enfant, Myrrhe aux suaves parfums,
Sainte Marie Enfant, Vigne odorante du printemps,
Sainte Marie Enfant, Porte mystérieuse réservée au passage du Libérateur,
Sainte Marie Enfant, plus brillante que l'aurore,
Sainte Marie Enfant, l'aurore même du soleil de justice,
Sainte Marie Enfant, plus pure que l'étoile du matin,
Sainte Marie Enfant, Rosée qui rafraîchit la terre,

Priez pour nous.

Sainte Marie Enfant, qui conversiez avec Dieu avant même d'avoir l'usage de la parole,
Sainte Marie Enfant, qui vous êtes présentée au Temple à l'âge de trois ans,
Sainte Marie Enfant, modèle de la vie intérieure,
Sainte Marie Enfant, modèle de silence,

Sainte Marie Enfant, modèle d'humilité,
Sainte Marie Enfant, modèle de simplicité,
Sainte Marie Enfant, modèle d'obéissance,
Sainte Marie Enfant, modèle d'application au travail,
Sainte Marie Enfant, modèle de l'enfance,
Sainte Marie Enfant, qui, la première, fites vœu de virginité,
Sainte Marie Enfant, qui soupiriez après la venue du Messie,
Sainte Marie Enfant, qui demandiez à Dieu de servir la Vierge qui concevrait l'Emmanuel,

Priez pour nous.

Agneau de Dieu, qui ôtez les péchés du monde, pardonnez-nous, Seigneur.
Agneau de Dieu, qui ôtez les péchés du monde, exaucez-nous, Seigneur.
Agneau de Dieu, qui ôtez les péchés du monde, ayez pitié de nous.

℣. Priez pour nous, sainte Marie Enfant,
℟. Afin que nous soyons dignes des promesses de Notre-Seigneur Jésus-Christ.

ORAISON

O Dieu, qui avez enrichi de tous les trésors de votre grâce la sainte Enfance de la glorieuse Vierge Marie, que nous honorons avec une piété toute filiale, accordez-nous de devenir nous-mêmes semblables aux petits enfants, afin d'entrer un jour dans le royaume des cieux, qui leur a été promis par Jésus-Christ Notre-Seigneur. Ainsi soit-il.

Nous approuvons les Litanies ci-dessus, Nous en permettons l'usage en dehors des fonctions liturgiques, et Nous accordons quarante jours d'indulgence aux fidèles qui les réciteront avec piété.

Laval, le 22 mai 1891.

† JULES, *Év. de Laval.*

Prière à Marie au berceau

Glorieuse fille du ciel, aurore du soleil de justice, nous venons à vos pieds le cœur plein d'une joie sainte, en union avec les Esprits bienheureux qui entourent votre berceau, vous offrir l'hommage de notre vénération et de notre amour. Nous vous prions, Marie Enfant, de nous bénir et de nous protéger maintenant et toujours. Accordez-nous les grâces que nous sollicitons de votre cœur immaculé. Soyez notre avocate auprès de Dieu le Père, dont vous êtes la Fille, du Fils dont vous êtes la Mère, et du Saint-Esprit, dont vous êtes l'Epouse, ô Marie Enfant, et que votre simplicité et votre pureté soient notre partage.

Daignez nous rendre, près de votre berceau, l'innocence que le saint baptême nous avait fait recouvrer.

Donnez-nous aussi une abondante participation aux fruits et aux grâces qui sont attachés à votre glorieuse naissance. Ainsi soit-il.

Nous approuvons la prière ci-dessus et accordons quarante jours d'indulgence aux fidèles qui la réciteront avec piété.

Laval, le 22 mai 1891.

† JULES, *Év. de Laval.*

Monseigneur l'Évêque de Nîmes a également attaché quarante jours d'indulgence à la récitation de cette prière (11 janvier 1890).

II

LES QUINZE MYSTÈRES DU SAINT ROSAIRE

1. Mystères joyeux

Au premier mystère, on contemple l'archange Gabriel annonçant à la Très Sainte Vierge qu'elle concevrait et enfanterait notre Rédempteur Jésus-

Christ. — *Pater noster,* dix *Ave Maria, Gloria Patri.*

Au second mystère, on contemple la Sainte Vierge allant visiter sainte Elisabeth, et demeurant trois mois auprès d'elle. — *Pater noster,* etc.

Au troisième mystère, on contemple Jésus-Christ, notre Rédempteur, mis au monde par la Vierge Marie, dans une pauvre étable. — *Pater noster,* etc.

Au quatrième mystère, on contemple la Sainte Vierge, au jour de sa Purification, présentant son divin Fils au temple et le remettant entre les bras du saint vieillard Siméon. — *Pater noster,* etc.

Au cinquième mystère, on contemple la Vierge Marie, après avoir perdu son divin Fils, et l'ayant cherché pendant trois jours, le retrouvant, le troisième jour, dans le temple, au milieu des docteurs de la loi. — *Pater noster,* etc.

2. Mystères douloureux

Au premier mystère, on contemple Notre-Seigneur Jésus-Christ priant au jardin des Olives, et répandant une sueur de sang. — *Pater noster,* etc.

Au second mystère, on contemple Jésus-Christ chez Pilate, attaché à la colonne et très cruellement flagellé. — *Pater noster,* etc.

Au troisième mystère, on contemple Jésus-Christ couronné de douloureuses épines. — *Pater noster,* etc.

Au quatrième mystère, on contemple Jésus-Christ condamné à mort, et chargé de sa Croix. — *Pater noster,* etc.

Au cinquième mystère, on contemple Jésus-Christ arrivé au Calvaire, dépouillé de ses vêtements, et cloué à la Croix en présence de sa sainte Mère navrée de douleur. — *Pater noster,* etc.

3. Mystères glorieux

Au premier mystère, on contemple Jésus-Christ, le troisième jour après sa Passion et sa mort, ressuscitant glorieux et triomphant pour ne plus mourir. — *Pater noster,* etc.

Au second mystère, on contemple Jésus-Christ, quarante jours après sa résurrection, montant glorieusement au ciel en présence de sa très sainte Mère et de ses disciples. — *Pater noster,* etc.

Au troisième mystère, on contemple Jésus-Christ assis à la droite du Père et envoyant le Saint Esprit dans le Cénacle, où les Apôtres étaient assemblés avec la Vierge Marie. — *Pater noster,* etc.

Au quatrième mystère, on contemple la glorieuse Vierge quittant cette vie quelques années après la résurrection de Notre-Seigneur, et transportée au ciel par les anges. — *Pater noster,* etc.

Au cinquième mystère, on contemple le couronnement de la Sainte Vierge par son divin Fils, et la glorification de tous les saints. — *Pater noster,* etc.

III

LA VOIX DE MARIE, MÈRE DU BON CONSEIL,

se faisant entendre, chacun des jours du mois de mai, à l'âme qui l'écoute.

1. L'oraison est la porte du ciel. Si tu ne fais pas oraison, l'enfer t'attend.

2. Sois fidèle à la lecture spirituelle. Souvent Jésus s'en sert pour inspirer à l'âme d'importantes résolutions.

3. Invoque fréquemment les doux noms de Jésus et de Marie, et jamais le démon ne réussira à te faire tomber dans le péché.

4. Ma fille, si tu as une grande dévotion au Cœur de Jésus, tu y trouveras toute facilité pour persévérer dans tes bonnes résolutions.

5. Dans tous tes besoins, recours à moi avec confiance, et, si ce que tu demandes est utile à ton âme, tu l'obtiendras.

6. Si tu t'aperçois qu'une chose ne peut se rapporter à la gloire de Dieu, ne la fais pas, car autrement tu pécherais.

7. Fuis les occasions de péché. Observe bien quelles sont pour toi ces occasions.

8. Ma fille, confesse-toi des fautes vénielles, encore que tu n'y sois pas obligée ; tu en retireras pour ton amendement un fruit immense. En ne le faisant pas, tu te jettes dans une voie pleine de dangers.

9. Ma fille, quand le démon voit une âme s'approcher tous les jours de la Table sainte, il ne compte plus sur elle.

10. La communion fréquente, avec la permission du confesseur, est le moyen le plus efficace pour arriver à la sainteté.

11. Combien m'est agréable l'âme qui se porte à son devoir au premier appel de ses supérieurs, ou au son de la cloche !

12. Celui qui te donne un mauvais conseil fait auprès de toi l'office du démon. Et tu voudrais écouter le démon?

13. Ma fille, quand on te fait quelque injure, pourquoi songes-tu à te venger? Que j'aimerais dans ces occasions à te voir pardonner généreusement pour plaire à Dieu!

14. Quand tu es tentée de commettre quelque faute, tu dois dire : Mon âme, pourquoi veux-tu offenser ton bon Jésus, qui a tant souffert pour toi et te comble de tant de bienfaits?

15. S'il t'arrive quelque malheur, offre ton affliction à Dieu, et il remplira ton cœur de joie en temps opportun.

16. Ne te trouble pas, ma fille, si, malgré tes bonnes résolutions, tu retombes dans tes manquements habituels. Examine plutôt si tes résolutions sont vraiment sincères et si tu fais tout ce qui dépend de toi pour y être fidèle. Invoque-moi de tout ton cœur et avec persévérance, et tu finiras par triompher.

17. Tâche de surmonter la paresse pour l'oraison et le travail, et tu te rendras agréable à Jésus.

18. Ma fille, remercie souvent ton Jésus qui te fournit, de préférence à tant d'autres, une si grande abondance de moyens pour te sanctifier.

19. Sois humble, et souviens-toi que tout ce que tu as de bien est un don de Dieu.

20. La vertu qui me plaît le plus dans mes enfants, c'est la sainte modestie.

21. Rappelle-toi souvent que tout ce que tu fais,

tout ce que tu penses, tu le fais et tu le penses *en la présence de Dieu.*

22. Malheur à qui fait choix d'un état de vie sans prier et sans y réfléchir mûrement.

23. Ma fille, ne t'abstiens pas, par la crainte de paraître singulière, des bonnes œuvres que Dieu t'inspire. C'est là un sentiment humain qu'il faut mépriser.

24. Ma fille, si tu mourais en ce moment, où irais-tu? Tâche d'être toujours prête à mourir : la mort ne respecte pas même la jeunesse.

25. Il n'y a que le péché que tu ne puisses rapporter à Dieu.

26. Pourquoi cherches-tu toujours quelque raison pour excuser tes manquements? Avoue plutôt simplement que tu as mal fait, et promets de mieux faire à l'avenir. Par ce moyen, tu commenceras tout de suite à réparer ta faute.

27. Ma fille, si tu veux sincèrement la perfection, fais connaître en toute simplicité tes goûts, tes inclinations, tes tentations, et surtout ta passion dominante à ton père spirituel, et il t'enseignera un moyen facile d'accomplir tes pieux desseins.

28. Ta plus grande satisfaction n'est point le mobile qui doit te faire agir, mais la plus grande gloire de Dieu.

29. Ce que tu fais à un pauvre, Jésus le considère comme fait à lui-même,

30. Ma fille, ne fais pas, étant seule, ce que tu ne ferais pas en présence de tes supérieurs.

31. Ma fille, ne reste jamais oisive : l'oisiveté est la mère de tous les vices.

IV

ACTE DE CONSÉCRATION A LA TRÈS SAINTE VIERGE

Très Sainte Vierge, Mère de Dieu et ma Mère, reine du ciel et de la terre, miroir admirable de toutes les vertus, laissez-moi, à la fin de ce mois de salut et de bénédiction qui vous est consacré, me jeter à vos pieds pour vous offrir l'hommage de ma reconnaissance, de mon amour et de ma profonde vénération. Marie, ma très aimable Mère, je voudrais avoir les cœurs de tous les hommes pour vous les donner ; je voudrais à tous les instants vous rendre tous les honneurs que les anges et les saints vous rendent et vous rendront au ciel pendant toute l'éternité. Mais, dans l'impuissance où je me trouve pour satisfaire mes désirs, je veux au moins faire tout ce qui dépend de moi. Prosterné au pied de votre trône, en présence de mon ange gardien et de toute la cour céleste, je vous choisis dès maintenant pour ma reine et ma souveraine maîtresse, pour ma patronne et ma bien-aimée Mère, et je vous consacre, par une totale et irrévocable donation, mes biens, mon corps, mon âme, mes facultés, ma personne, ma vie, et surtout mon cœur. Je prends la résolution de ne jamais rougir de votre culte, de défendre votre honneur contre tous ceux qui, devant moi, tenteraient de l'attaquer, et de me faire toujours une gloire d'être votre serviteur fidèle, votre enfant docile et soumis. Je ne laisserai passer aucun jour sans penser à vous, sans vous invoquer du fond du cœur, sans vous rendre mes hommages et vous adresser mes vœux.

Vierge bénie, me voici, dès ce moment, tout entier consacré à vous et à votre service. Je suis tout à vous, je me donne à vous, je veux vous appartenir pour toujours. O Marie, ne me rejettez pas. Daignez agréer mes hommages, mon respect, mon amour. Cachez-moi sous votre manteau ; recevez-moi sous votre sauvegarde ; dirigez toute ma vie, et gouvernez-moi selon votre bon plaisir. Je remets mon âme entre vos mains, et je m'abandonne sans réserve à votre très pur et très miséricordieux cœur immaculé. ô bonne, ô clémente, ô douce Vierge Marie. Que tous les cœurs vous soient pour toujours consacrés ! Que toutes les bouches s'ouvrent pour publier et célébrer vos gloires ! Que le ciel redise sans fin à la terre : Amour, honneur et bénédiction à Marie ! Pour moi je ne cesserai jamais de chanter avec les chœurs des anges : Vive Jésus, vive Marie pendant tous les siècles ! Ainsi soit-il.

Il nous est doux de couronner la traduction française de ce petit volume, tout consacré à la gloire de la Très Sainte Vierge Marie Enfant, en rappelant au pieux lecteur que Notre Très Saint Père le Pape Léon XIII a daigné témoigner, en plusieurs circonstances, de sa dévotion personnelle envers la *Santissima Bambina*. Sa Sainteté a accordé de précieuses indulgences aux Membres de la pieuse association érigée en l'honneur de Marie Enfant, et, le 19 septembre 1894, a concédé des privilèges aux prêtres qui, à Milan, célèbrent le Saint-Sacrifice à son autel. Nous donnons ici le texte du Rescrit pontifical relatif à cette dernière concession.

MEDIOLANEN

Superiorissa Generalis Sororum a Caritate, quæ Mediolani Domum Novitiatus habent, Sanctissimum Dominum Nostrum Leonem Papam XIII humillimis precibus rogavit, ut singulis per annum Sabbatis cuilibet Sacerdoti, ad altare Deiparæ Virginis Infantis Sacrum facturo, quam in publico sacello eidem Domui adnexo haud exiguo pietatis studio Christi fideles venerantur, Missam votivam B. Mariæ Virginis de

MILAN

La Supérieure Générale de l'Institut des Sœurs de la Charité, dont le Noviciat est à Milan, a humblement demandé à Notre Très Saint Père le Pape Léon XIII que, tous les samedis de l'année, chaque prêtre, célébrant à l'autel de la Très Sainte Vierge Marie Enfant, vénérée par les fidèles avec une grande piété dans la chapelle publique de la Maison, puisse dire la Messe votive de la Bienheu-

tempore liceat celebrare, etiamsi officium ritus duplicis occurrat. Sanctitas porro Sua, referente me infrascripto Sacræ Rituum Congregationis Secretario, attento commendationis officio Reverendissimi Ordinarii Archidiœceseos Mediolanen, petitæ Missæ votivæ privilegium benigne indulgere dignata est juxta preces : exceptis tamen duplicibus primæ et secundæ classis, quovis Deiparæ festo, ac festis de præcepto servandis, necnon feriis, vigiliis octavisque privilegiatis ; servatis rubricis. Contrariis non obstantibus quibuscumque. Die 19 septembris 1894.

Pro Eminentissimo et Reverendissimo Domino Card. C. Aloisi-Masella, Præfecto,

L. M. Card. PAROCCHI,

A. TRIPEPI, Secretarius.

reuse Vierge Marie, conforme au temps, alors même qu'il se présenterait un office de rit double. Sa Sainteté, sur le rapport du Secrétaire soussigné de la S. Congrégation des Rites, prenant en considération la recommandation du Révérendissime Ordinaire de l'Archidiocèse de Milan, a daigné accorder le privilège de la Messe votive demandée, conformément à la supplique, à l'exception toutefois des doubles de première et de seconde classe, de toutes les fêtes de la Sainte Vierge, des fêtes de précepte, et enfin des féries, vigiles et octaves privilégiées, et sous la condition d'observer les rubriques. Et ce nonobstant toute disposition contraire. Le 19 septembre 1894.

Pour l'Eminentissime et Révérendissime Cardinal C. Aloisi-Masella, Préfet,

L. M. Card. PAROCCHI,

A. TRIPEPI, Secrétaire.

Plusieurs Eminentissimes Cardinaux ont aussi rendu à la *Santissima Bambina* les hommages de leur pieuse vénération, et aiment à posséder une des images où elle est représentée. Nous citerons seulement le Cardinal Agostini, patriarche de Venise, qui, en sa qualité de Protecteur de l'Institut des Sœurs de la Charité, auxquelles est confiée la miraculeuse statue, a reconnu l'efficacité de la protection de Marie Enfant, et a approuvé et enrichi d'indulgences des prières composées en son honneur.

Enfin, dans une audience accordée, en 1894, à la Supérieure Générale de l'Institut des Sœurs de la Charité de Milan, Notre Très Saint Père le Pape a donné une bénédiction spéciale à tous ceux qui vénèrent l'image de la *Santissima Bambina*, et a encouragé la publication mensuelle faite sous ce titre : « *Sourires et vagissements de Marie Enfant : Sorrisi e vagiti di Maria SS. Bambina.* »

Table

LAVAL. - IMPRIMERIE A. GOUPIL

www.ingramcontent.com/pod-product-compliance
Ingram Content Group UK Ltd.
Pitfield, Milton Keynes, MK11 3LW, UK
UKHW020213250726
13967UKWH00003B/1449

9 782013 042673